Mein gesunder Setter

Irish Red Setter • Gordon Setter
Irish Red and White Setter • English Setter

Martina Schwab

Konzept der Reihe „Mein gesunder Hund“,
Herstellung und Gestaltung: bede-Verlag
Redaktionelle Betreuung: Dominik Kieselbach
email: info@bede-verlag.de
Internet: www.bede-verlag.de

Besonders bedanken wir uns bei Frau Susanne Hintzen, Meerbusch, für die vielen Fotos, die sie uns für dieses Buch freundlicherweise zur Verfügung gestellt hat. Unser Dank gilt auch der Züchterin Frau Annemarie Püchner, deren Gordon Setter aus der Leistungszucht (Zwinger „vom Meererbusch“) häufiger in diesem Buch abgebildet werden durften.

Fotonachweis: Isabelle Francais, Susanne Hintzen, Sybille Knocke, Yves Lanceau

ISBN 3-933 646-73-1
bede-Bestellnummer MG 026

Inhalt

Setter haben ihren Ursprung in Irland, Schottland und England. Wenn wir an den klassischen Setter denken, haben die meisten von uns wahrscheinlich sofort den Irish Red Setter vor Augen und auf Nachfragen kennen viele noch den Gordon Setter. Dabei sind die beiden ursprünglicheren Rassen, der English Setter und der Irish Red and White Setter, fast in Vergessenheit geraten. Vom Temperament her nehmen sich die vier Rassen nicht all zu viel, haben aber dennoch ihre ganz eigenen Wesenszüge. Setter wurden und werden zur Jagd eingesetzt, haben ihren Weg aber schon seit langem in viele Familien gefunden.

Dieses Buch gibt Ihnen viele Ratschläge von der richtigen Auswahl, über die notwendige Erziehung bis hin zu einer gesundheitsbewussten Ernährung. Im Vergleich zu anderen Büchern stehen hier nicht die Ausstellungshunde, der ideale Körperbau oder die Zucht im Vordergrund. Wir gehen vor allem auf die Gesundheitsvorsorge ein, die für Sie als Hundehalter wichtig ist. Wir wollen Ihnen all das Wissen an die Hand geben, das Sie benötigen, um Krankheiten frühzeitig zu erkennen, das Verhalten Ihres Setters richtig einzuschätzen und ihm ein langes und gesundes Leben zu ermöglichen. Dazu gehört neben einem rassespezifischen Teil über die häufigsten Krankheiten auch ein eigenes Kapitel zur Ersten Hilfe, mit der Sie sich und Ihren Hund vertraut machen sollten. Setter sind durch eine vernünftige Zuchtauswahl inzwischen wieder eine recht gesunde Rasse, die dennoch von verschiedenen Erbkrankheiten betroffen sein kann. Hierauf bereitet Sie unser Buch vor, damit Sie im Fall der Fälle angemessen reagieren können. Dieses Buch ersetzt nicht den Tierarztbesuch, es soll Sie sensibel für die Gesundheitsvorsorge machen.

Der Irish Red Setter ist die verbreitetste und auch bekannteste der vier Setter-Rassen in Deutschland. Foto: I. Francais

Der Gordon Setter wird häufig als der Gentleman unter den Setter-Rassen bezeichnet. Er hat die kräftigste Statur und wirkt besonders elegant.
Foto: I. Francais

Der English Setter ist in Deutschland noch immer selten. Er steht, was seine Popularität angeht, im Schatten seiner irischen und schottischen Brüder. Foto: S. Hintzen

Die Geschichte der Setter ist eng mit der Geschichte der Jagd und den Jagdmethoden verbunden. Dabei gehören die Setter zu der modernsten Jagdhundgruppe – den Vorstehhunden. Doch beginnen wir am Anfang.

Die Urahnen der englischen und irischen Setter waren vermutlich Jagdspaniels, die aus Spanien über Frankreich nach England gelangten – und dies wahrscheinlich schon im 15. Jahrhundert. Die Setter waren die Nachkommen der Stöberhunde. Diese wurden vor allem zur Jagd mit dem Habicht, der sogenannten Beizjagd, eingesetzt. Diese Hunde scheuchten Feder- oder Haarwild auf, das sodann von dem Habicht des Jägers geschlagen wurde. Diese Art der Jagd war bei dem Adel des Mittelalters sehr beliebt, brachte jedoch keine hohe Ausbeute. Effektiver war da schon die Jagd mit Netzen. Hierbei scheuchten die eingesetzen Jagdhunde vor allem das Federvieh nicht mehr auf, sondern zeigten es nur an. Die Jäger näherten sich mit ihren Netzen, in denen die Vögel gefangen wurden. Diese neue Jagdmethode erforderte auch ein neues Jagdverhalten bei den Hunden. Sie durften nun das Wild nicht mehr aufscheuchen, sondern mussten sich ihm langsam nähern und verharren. Über die Entwicklung vom Stöberhund zum Vorstehhund gibt es einige Mutmaßungen, leider wenige Fakten. So ist es weitgehend unklar, ob die Änderung des Jagdverhaltens der Hunde einzig darauf beruhte, dass nur geeignete, sprich sich bei Witterung ruhig verhaltende Hunde, zur weiteren Zucht eingesetzt wurden, oder ob andere Hunde eingekreuzt wurden.

Mit dem Einsatz der Schusswaffen kam eine neue Anforderung auf die Hunde zu: Sie mussten schussfest sein.

Wann genau die Trennung von Setter und Spaniel erfolgte, liegt genauso im Unklaren wie der Zeitpunkt derAufspaltung in die einzelnen Setterrassen. Durch die Abgeschiedenheit und Isolation Irlands waren die irischen Setterschläge als erste gut durchgezüchtet und in Typ und Aussehen recht einheitlich. Die Setter Englands und Schottlands hingegen waren recht uneinheitlich in ihrer Färbung, sie verband vor allem ihr langhaariges Fell und ihre Gebrauchseigung zum Vorstehhund. Heute sind in Deutschland vier Setter-Rassen anerkannt: der English Setter, der Gordon Setter, der Irish Red and White Setter und der Irish Red Setter.

Der English Setter

Die englischen Setter wurden zu Beginn der Zucht – wie so viele Rassen – rein

Wie so viele Hunderassen wurden auch die Vorfahren des English Setters rein nach ihrer Gebrauchstüchtigkeit zur Zucht ausgewählt.
Foto: S. Hintzen

nach ihrer Gebrauchstüchtigkeit bewertet. Ein einheitliches Bild gaben diese Hunde nicht ab. Insgesamt lässt sich lediglich feststellen, dass die englischen Setter heller waren als ihre schottischen und irischen Vettern. Um aus diesem recht bunten Gemisch an Hunden eine Rasse aus den bestehenden Schlägen herauszuzüchten, bedurfte es eines Förderers, einer Lobby. Zunächst muss hier Sir Edward Laverack genannt werden, ein Mann, dessen Zuchtbemühungen einige Mysterien begleiten. So soll er seine Zucht, wie er selbst mehrfach beteuerte, einzig auf zwei Hunden aufgebaut haben. Die beiden schwarzgepunkteten Setter Moll und Ponto kaufte er in den 1820ern dem Pfarrer A. Harrison ab. Über fünfzig Jahre lang soll er nun allein durch Inzuchten seine Linie aufgebaut haben. Dabei entfernten sich seine Hunde immer mehr vom Gebrauchsjagdhund zum reinen Schönheitsobjekt. Ob seiner Zucht tatsächlich niemals frisches Blut zugeführt wurde, darf mit Recht bezweifelt werden – einen Beweis der Unrichtigkeit ist man ihm aber bis heute schuldig.

Gegen Ende des 19. Jahrhunderts erschien ein weiterer Förderer englischer Setter auf der Züchterplattform. R. L. L. Purcell Llewellin züchtete schon seit einiger Zeit Setter und war, wie anfangs Laverack, auf der Suche nach dem idea-

Von seiner Abstammung her müsste der Gordon Setter eigentlich Scottish Setter heißen. Auch wenn die Geschichte dieser Rasse weitgehend im Dunklen liegt, ist ihre Herkunft doch klar.
Foto: S. Hintzen

len Vorstehhund. Dabei griff er sowohl auf irische als auch auf schottische Setter zurück, die er mit Hunden aus Laveracks Zucht verpaarte. Auch die wahren Zuchtabsichten Llewellins waren nicht über jeden Zweifel erhaben und eine Tendenz zum reinen Schönheitshund machte sich breit.

Der English Setter wird heute vielfach als reiner Schauhund gezüchtet, seinen jagdlichen Fähigkeiten misst man auf dem Kontinent mehr Wert bei als im Ursprungsland England. Die Welpenzahlen innerhalb des VDH sind relativ gering und schwanken in den letzten Jahren zwischen sechzig und hundert Meldungen.

Der Gordon Setter

Der Gordon Setter ist der Setter Schottlands. Seine Geschichte und die an seiner Entstehung beteiligten Hunderassen liegen weitgehend im Dunkeln. Sicher ist, dass er nicht einer reinen Setter-Linie entstammt, sondern auf seinem Weg zum heutigen Aussehen und Wesen verschiedene Hunde eingekreuzt wurden. Interessant beim Gordon Setter ist seine lohfarbene Zeichnung, deren Herkunft die meisten Spekulationen hervorruft. Erste Erwähnungen eines in dieser Weise gezeichneten schottischen Setters gehen bis ins 17. Jahrhundert zurück. Somit kann man die Begründung und auch die

Förderung der Rasse nicht dem Namensgeber Herzog Alexander von Gordon zurechnen, dessen Setter von Zeitgenossen als recht uneinheitlich und in der Mehrzahl auch nicht als lohfarben beschrieben wurden. Herzog Gordon züchtete Setter auch nur in dem kurzen Zeitraum von 1820 bis 1837. Einen entscheidenen Einfluss auf die schottische Setterzucht – so wie es die Benennung der Rasse nach ihm suggeriert – dürfte er nicht genommen haben.
Wie bereits erwähnt liegt der Ursprung des Gordon Setters im Dunkeln. Man vermutet aufgrund seiner Zeichnung und seiner im Vergleich zu den anderen Setter-Rassen recht massiven Erscheinung, dass verschiedene andere Hunde eingekreuzt wurden, darunter Bloodhounds und irische Setter.

Die Gordon Setter-Zucht, die sich bisher wie ein großes Durcheinander anhört, stabilisierte sich erst in den 1860er Jahren. Es traten immer mehr Hunde mit der typischen lohfarbenen Zeichnung auf, die auch bald ihren Weg in die ganze Welt fanden. Einen einstweiligen Höhepunkt erreichte die Zucht in den 1920er Jahren. Doch schon bald schlug auch beim Gordon Setter die Zucht den Weg weg vom Gebrauchshund hin zum Schauhund ein. In Deutschland wurde der Gordon Setter als Jagdhund sehr geschätzt. Besonders in Bayern wurde er gezüchtet. Nach dem Zweiten Weltkrieg war der Gordon Setter-Bestand derart reduziert, dass die Zucht nur mit Mühe und Einkreuzungen verschiedener – vermutlich nicht reinrassiger – Gordon Setter wieder aufgenommen werden konnte.

Der Herzog Gordon ist der Namensgeber des Gordon Setters. Doch schon lange bevor er diese Hunde züchtete, gab es Setter mit der typischen black and tan-Färbung. Foto: S. Hintzen

Der Irish Red and White Setter ist in Deutschland die mit Abstand seltenste Setter-Rasse.
Foto: I. Francais

Innerhalb des VDH ist der Gordon Setter nach dem Irish Setter die welpenstärkste Rasse mit Welpenzahlen zwischen gut 300 und sogar über 400 Welpen in den letzten Jahren.

Der Irish Red and White Setter

Rassegeschichtlich gesehen ist der Irish Red and White Setter ein Jüngling, wurde er doch erst 1989 von der FCI als eigenständige Rasse anerkannt. Seine Geschichte geht jedoch bis ins 17. Jahrhundert zurück und man nimmt mit Recht an, dass er die ursprünglichere der beiden irischen Setter-Rassen ist. Seit jeher steht er im Schatten seines Bruders, des Irish Red Setters. Es war dessen Farbe, die die meisten Menschen mehr ansprach. Das Aus für den Irish Red and White kam beinahe, als sich 1882 der Irish Red Setter Club gründete. Doch immer noch züchteten vereinzelte Liebhaber diesen rot-weißen Schlag. Zu dieser Zeit war der Irish Red and White Setter noch nicht als eigene Rasse anerkannt, Kreuzungen mit dem Irish Red Setter waren deshalb uneingeschränkt erlaubt. Erst 1970 wurde unter der Leitung des Irish Kennel Clubs ein Zuchtprogramm ins Leben gerufen, das den Irish Red and White Setter stützen sollte. Schon 1980 wurde der „Irish Red and White Setter Club of Great Britain" gegründet. Diesen Setter sollte nicht das Schicksal ereilen, nur noch als Schauhund gezüchtet zu werden, und so förderte der Verein vor allem die Verwendung und Zuchtausrichtung als Gebrauchshund. In Deutschland sieht man den Irish Red and White Setter bisher noch sehr selten.

Würfe des Irish Red and White Setters sind innerhalb des VDH leider noch rar. Das mag nicht nur den Liebhaber angesichts der Schönheit der Rasse verwundern. Jährlich werden nur zwischen zehn und knapp zwanzig Welpen gemeldet!

Der Irish Red Setter

Der Irish Red Setter gilt zusammen mit dem Irish Red and White Setter als die älteste Setter-Rasse. Man vermutet, dass er durch Reinzucht aus dem Irish Red and

Die Zucht des Irish Red Setters konzentrierte sich schnell vom Jagdhund zum Schauhund. Kleines Foto: I. Francais

Vermutlich ist der Irish Red and White Setter der direkte Ahne des Irish Red Setters, der diesem allerdings schnell den Rang in der Beliebtheit ablief. Foto: S. Hintzen

White Setter gezüchtet wurde. Neben seinen jagdlichen Qualitäten überzeugt er auch durch seine elegante Erscheinung und seine wunderschöne kastanienbraune Farbe. Die Spuren des Irish Red Setter lassen sich bis ins 17. Jahrhundert zurückverfolgen. Eine erste Erwähnung als Irish Setter finden wir jedoch erst Anfang des 19. Jahrhunderts. Schon Ende des 18. Jahrhunderts gab es eine Irish Red Setter-Zucht. Die Hunde hatten zu dieser Zeit den Namen „Modder Rhu", was soviel bedeutete wie „roter Hund". Die Züchter, die Familie des Lord de Freyne, führten von 1793 an über 70 Jahre ein eigenes Zuchtbuch für ihre Hunde. Die Linie starb dann aber aufgrund starker Inzuchtschäden aus.

Zu Beginn der Irish Red Setter-Zucht in England stoßen wir auf zwei bekannte Namen der English Setter-Zucht: P. Llewellin und E. Laverack. P. Llewellin soll die ersten Irish Red Setter nach England gebracht und kurzzeitig gezüchtet haben, wobei er auch auf die Setter Laveracks zurückgegriffen haben soll. Der Durchbruch des Irish Red Setter, dessen Bestand sich noch bis Mitte des 19. Jahrhunderts mit dem der Irish Red and White Setter die Waage hielt, kam mit der Gründung des „Irish Red Setter Clubs" im Jahr 1882. Viele Menschen sprach die wunderbare Farbe der Hunde an und so verdrängte er den rot-weißen Schlag sehr schnell.

Es scheint schon fast zur Tragik dieser Hunde zu gehören, dass auch die Zucht des Irish Red Setter immer mehr vom Schönheitsideal der Züchter und weniger von der Gebrauchseignung der Hunde bestimmt wurde – zumindest was den Irish Red Setter in England anbelangte. In Irland wurde er weiterhin als Gebrauchshund mit Blick auf seine jagdlichen Fähigkeiten gezüchtet.

Der Irish Red Setter ist die dominierende Setter-Rasse innerhalb des VDH. Die Welpenzahlen sind in den letzten Jahren dem allgemeinen Trend folgend deutlich rückläufig. Wurden Mitte der 1990er Jahre noch über 700 Welpen pro Jahr gemeldet, sank die Zahl auf 485 Welpen im Jahr 2000.

Der freundliche Irish Red Setter ist heute ein beliebter Familienhund. Foto: I. Francais

Der Charakter und Körperbau einer Rasse sind eng mit ihrer ursprünglichen Gebrauchsverwendung oder dem Zuchtziel verknüpft. Liest man sich die Rassestandards der Setter durch, so stößt man bei der Beschreibung der allgemeinen Erscheinung durchweg auf Begriffe wie „elegant“, „kraftvoll“, „ausgewogen“ oder „gut proportioniert“. Setter sind athletische Hunde, deren wahre Schönheit und Anmut in der Bewegung erst voll zur Geltung kommen. Genau darin finden wir auch die Verbindung zu ihrer jadglichen Verwendung: Im Gegensatz zu ihren Vorgängern – den Stöberhunden – mussten die Setter sich dem Wild unmerklich nähern, es nicht aufscheuchen, sondern dem Jäger durch Vorstehen anzeigen. Sie mussten auf der einen Seite die Bewegungseleganz mit sich bringen, um fast unsichtbar für das Wild zu sein, auf der anderen Seite mussten sie körperlich ausdauernd für die lange und anstrengende Jagd sein. Hierbei kommt es auf die richtige Proportion, die Ausgewogenheit des Körperbaus an.

Beim Charakter der Setter sind sich die Standards der Rassen darin einig, dass die Hunde freundlich und intelligent sind, offen mit einer gewissen aristokratischen Zurückhaltung. Im Gegensatz zu vielen anderen Jagdhundrassen ist der Beutetrieb bei Settern nicht so stark ausgeprägt. Dennoch sollten Sie sich der jagdlichen Vergangenheit die-

Setter sind elegante Hunde, die zugleich auch kraftvoll in ihrer Erscheinung sein sollen. Ihren Charakter und ihren Körperbau verdanken die Rassen ihrer Geschichte als Jagdhunde. Foto: S. Hintzen ser Rassen bewusst sein, wenn Sie sich einen Setter als Familienhund anschaffen. Als Familienhund gehalten sind die Setter anhängliche Hunde, die ihre Halter verehren, ohne ihren eigenen Willen aufzugeben. Sie sind freundlich zu Kindern und anderen Hunden. Durch die lange Zuchtgeschichte, in der neben den jagdlichen Fähigkeiten in vielen Zuchtlinien fast von Beginn an immer auch die äußeren Merkmale und die Verwendung als Familienhund im Vordergrund standen, haben die Setter heute zu Recht ihren festen Platz in vielen Familienhaushalten gefunden. Aber auch heute noch gibt es Zuchtlinien und Züchter, die ihre Hunde nur in Jägerhände abgeben. Informieren Sie sich vor dem Kauf bei dem Züchter, ob Sie einen Hund von ihm bekommen, wenn Sie ihn nicht jagdlich führen wollen.

Der Rassestandard

Für jede Hunderasse gibt es einen sogenannten Rassestandard. In diesem Standard werden die körperlichen, aber auch die Wesensmerkmale des idealen Vertreters der Rasse beschrieben. Einige Hunde kommen diesem Ideal immer wieder sehr nahe, doch wird es wahrscheinlich niemals erreicht werden. Trotz aller Genauigkeit in der Beschreibung bleibt immer Raum für Interpretationen. Je nach Standardauslegung entspricht ein bestimmter Hund in den Augen des einen Fachmanns diesem Ideal mehr, in den Augen des anderen weniger. Wenn Sie mit Ihrem Hund nicht züchten oder ihn ausstellen wollen, ist der perkte Körperbau natürlich nicht so entscheidend. Sie können sich ganz auf seine Gesundheit und sein Wesen konzentrieren. Zuchthunde hingegen müssen dem Standard weitestgehend entsprechen, um zur Zucht überhaupt zugelassen zu werden. Im folgenden sollen die Standards der Setterrassen nur auszugsweise wiedergegeben werden. Den kompletten Standard erhalten Sie gerne direkt vom Verein – entweder schriftlich oder auch direkt über seine Internetseiten.

Der English Setter

(Auszüge aus dem gültigen FCI-Standard)
Der Standard beschreibt den English Setter als einen sehr aktiven Hund mit ausgeprägtem Jagdsinn und einem besonders freundlichen und gutmütigen Wesen. Er ist ein Hund von mittlerer Größe mit klar umrissener Silhouette und voller Eleganz auch in seinen Bewegungen.

Kopf

Der Kopf wird hoch erhoben getragen, er ist lang, mit deutlich ausgeprägtem Stop. Von Behang zu Behang ist der Schädel oval, mit viel Raum für das Gehirn. Das Hinterhauptbein tritt deutlich hervor. Der Fang ist mäßig tief und ziemlich viereckig. Die Länge des Fangs vom Stop bis zur Nasenspitze sollte gleich der Länge vom Hinterhauptbein bis zum Stop sein. Nasenlöcher weit, Kiefer von ungefähr gleicher Länge, Lefzen nicht zu sehr pendelnd. Nasenfarbe schwarz oder leberbraun im Einklang mit der Farbe des Haarkleids.
Die ovalen, nicht hervortretenden Augen zeigen einen intelligenten Ausdruck, sind sanft und ausdrucksvoll. Die Farbe reicht von haselnussbraun bis dunkelbraun, je

dunkler umso besser. Nur bei Hunden mit der Farbe „Liver Belton" ist ein helleres Auge zulässig.
Der Behang ist von mittelmäßiger Länge, tief angesetzt, in einer schönen Falte dicht an der Wange anliegend
Da Gebiss zeigt zwei kräftige Kiefer mit einem perfekten, regelmäßigen und vollständigen Scherengebiss, wobei die Zähne senkrecht im Kiefer stehen. Vollzahnigkeit ist erwünscht.

Körper

Der Hals ist ziemlich lang, muskulös und trocken, am Kopfansatz leicht gebogen und gut vom Kopf abgesetzt, zur Schulter hin stärker werdend, keine lose Kehlhaut oder lose Haut unterhalb des Kehlbereichs.
Die Schulter ist gut zurückliegend und schräg, die Brust ist breit und tief, sie liegt gut zwischen den Schulterblättern. Die Vorderläufe sind gerade und sehr mus-

Der English Setter ist eine sehr aktive Rasse, deren Bewegungsanspruch Sie gerecht werden müssen, damit er sein freundliches und gutmütiges Wesen entwickeln kann. Foto: S. Hintzen

kulös mit runden Knochen. Die Ellenbogen liegen gut an.
Das Gebäude ist mäßig lang mit einem kurzen geraden Rücken, mit gut gerundeten, stark gewölbten Rippen, wobei die Rippen weit nach hinten reichen.
Die breite Hinterhand zeigt eine leicht gewölbte Lendenpartie, ist kräftig und muskulös. Die Läufe einschließlich der Unterschenkel sind sehr muskulös. Die Kniegelenke sind gut gewinkelt. Die Sprunggelenke sind weder ein- noch ausdrehend und gut tiefstehend.
Die Pfoten sind gut gepolstert, geschlossen, mit dicht zusammenstehenden und gut aufgeknöchelten Zehen, sie sind durch einen dazwischenliegenden dichten Haarbewuchs gut geschützt.
Die Rute ist annähernd in Höhe und Linie des Rückens angesetzt, mittellang, nicht tiefer als bis zu den Sprunggelenken reichend, weder gedreht oder gewunden, leicht gebogen oder Krummsäbel-förmig. Die Hunde zeigen dabei nicht die geringste Tendenz, die Rute erhoben zu tragen. Die Befederung oder Fahne hängt In langen buschigen Fransen nach unten. Die Befederung beginnt knapp unterhalb des Rutenansatzes, sie wird zur Mitte hin länger und die Fransenlänge wird zum Rutenende hin wieder kürzer. Haar lang, glänzend, weich und seidig, leicht gewellt, aber nicht gelockt.

Haarkleid und Farben

Das Haarkleid ist vom Hinterkopf in Höhe des Behangs beginnend über den ganzen Körper verteilt, leicht gewellt, aber nicht gelockt, lang und seidig. Hosen an den Hinterläufen und Befederung an den Vorderläufen fast bis zu den Pfoten reichend. Die zugelassenen Farben sind Schwarz und Weiß (Blue Belton), Orange und Weiß (Orange Belton), Zitronenfarben und Weiß (Lemon Belton), Leberbraun und Weiß (Liver Belton) oder Tricolour; Tricolour besteht aus „Blue Belton“ und Tan oder „Liver Belton“ und Tan; hierbei werden Hunde mit Farbtüpfelung (Belton) denen mit Platten am Körper bevorzugt. „Belton“ dient als Farbbezeichnung für eine Tüpfelung und/oder ein Zusammenlaufen von Farben.

Größe

Die Schulterhöhe liegt beim Rüden zwischen 65 und 68 cm; bei Hündinnen zwischen 61 und 65 cm.

Der Gordon Setter

(Auszüge aus dem gültigen FCI-Standard)
Der Gordon Setter wird im Standard als ein intelligenter, leistungsfähiger Hund von vornehmer Gelassenheit beschrieben. Er ist mutig, offen, freundlich und von ausgeglichenem Wesen. In seiner Gesamterscheinung ist er ein eleganter Hund, mit den Konturen eines Vollblüters. Sein Körperbau ist ausgewogen, mit vollkommen harmonischen Proportionen und dem eines leistungsfähigen Jagdpferdes vergleichbar.

Kopf

Der Kopf ist eher tief als breit, der leicht gerundete Schädel ist breiter als der Fang (am breitesten zwischen den Behängen), mit Raum für das Gehirn und ausgeprägtem Stop. Die Länge vom Hinterhauptbein bis zum Stop ist größer als vom Stop bis zur Nase. Der Fang ist lang, mit fast parallelen Linien, weder aufgewor-

Viele halten den Gordon Setter für die anmutigste und eleganteste der vier Setter-Rassen. Schon dieser Welpe scheint sich seiner Klasse bewusst zu sein. Der kleine weiße Brustfleck, den der Welpe zeigt, wird vom Standard toleriert. Foto: S. Hintzen

Alle Welpen erscheinen zunächst einmal niedlich und schön. Wenn Sie Ihren Hund als Familienhund halten wollen, achten Sie vor allem auf seine Gesundheit und Wesensfestigkeit. Foto: I. Francais

fen noch schwach und spitz zulaufend. Die Lefzen sind nicht pendelnd, jedoch deutlich ausgeprägt. Die Nase ist groß, breit und schwarz, die Nasenlöcher sind weit geöffnet.
Die dunkelbraunen, ausdrucksvollen Augen sind weder zu tief liegend noch hervortretend, ihr Ausdruck ist entschlossen, intelligent.
Der mittelgroße und dünne Behang ist tief angesetzt und dicht am Kopf anliegend.
Das Gebiss besteht aus zwei kräftigen Kiefern mit einem perfekten, regelmäßigen und vollständigen Scherengebiss, wobei die Zähne senkrecht im Kiefer stehen.

Körper

Die Schulterblattknochen sind breit und flach, am Widerrist geschlossen. Die Schultern sind nicht überladen, die Ellenbogen gut unterstellt und dicht am Rumpf anliegend. Die Vorderläufe mit flachen Knochen sind gerade und kräftig.
Das Gebäude ist mäßig lang, das Sternum tief, die Rippen sind gut gewölbt. Die Lendenpartie ist breit und leicht geschwungen. Die Brust ist nicht zu breit. Die Hinterhand ist zwischen Hüfte und Sprunggelenk lang, breit und muskulös. Die Kniegelenke sind gut gewinkelt. Die Lage des Beckenknochens tendiert zur Waagerechten.
Die Pfoten sind oval, geschlossen, mit gut aufgeknöchelten Zehen; zwischen den Zehen sind sie üppig behaart. Zehen und Ballen sind gut gepolstert.
Die Rute ist gerade oder leicht säbelförmig, nicht über die Sprunggelenke hinabreichend. Sie wird waagerecht oder unterhalb der Rückenlinie getragen. Am

Ansatz ist sie kräftig, zu einer feinen Spitze auslaufend. Die Befederung bzw. die Fahne beginnt in der Nähe des Rutenansatzes, ist lang und gerade und nimmt zur Spitze hin gleichmäßig ab.

Haarkleid und Farbe

Am Kopf, an den Vorderseiten der Läufe und an den Spitzen des Behangs ist das Haarkleid kurz und fein, mäßig lang, glatt, ohne Locken oder Wellung an allen anderen Körperteilen. Die Befederung am oberen Bereich des Behangs ist lang und seidig, an den Rückenseiten der Läufe lang, fein, glatt und gerade, die Fransen am Bauch können sich bis zur Brust und zum Hals hin fortsetzen und sind dabei so wenig wie möglich gelockt oder gewellt.

Die einzig anerkannte Farbe ist ein tiefglänzendes Kohlschwarz, ohne Rostschimmer, mit Kastanienrotem, leuchtendem Brand. Eine schwarze Strichelung („pencil markings") auf den Zehen und ein schwarzer Strich unter dem Unterkiefer sind erlaubt.

Der „Brand" bezeichnet zwei deutlich erkennbare Punkte über den Augen, die nicht größer als knapp zwei Zentimeter im Durchmesser sein dürfen. An den Seiten des Fanges nicht über den Nasenansatz hinausreichend, ähnlich einem Streifen von einer Seite zur anderen um das klar abgegrenzte Fangende. Ebenfalls an der Kehle und als zwei große, deutlich abgegrenzte Flecken an der Brust. An den Innenseiten der Hinterläufe, Oberschenkel, an der Vorderseite des Kniegelenks hinablaufend und sich von den Sprunggelenken zu den Zehen nach außen verbreiternd. Hinten an den Vorderläufen bis zum Ellenbogen auf der

Sehr gut sind bei diesem Gordon die sogenannten „pencil markings" – schwarze Striche auf den Vorderpfoten – zu erkennen.
Foto: S. Hintzen

Vorderseite bis zum Vorderfußwurzelgelenk oder etwas darüber; rund um das Waidloch. Ein sehr kleiner weißer Brustfleck ist gestattet.

Größe

Die ideale Schulterhöhe beim Rüden liegt bei 66 cm; bei Hündinnen beträgt sie 62 cm.

Der Irish Red and White Setter

(Auszüge aus dem gültigen FCI-Standard)
Stark und kraftvoll, sehr ausgewogen und gut proportioniert fordert der Standard den Irish Red and White Setter, ohne Zeichen von Schwerfälligkeit, eher athletisch als rassig. Er zeigt sich aristokratisch, leidenschaftlich und intelligent. Hinter seiner nach außen liebenswürdigen, freundlichen Grundhaltung verbergen sich Entschlossenheit, Mut und Energie.

Kopf

Breit im Verhältnis zum Körper, mit ausgeprägtem Stop.
Der Oberkopf ist gewölbt, das Hinterhauptbein ist nicht so deutlich erkennbar, wie dies beim Irish Red Setter der Fall ist. Der Stop ist ausgeprägt.
Die Kiefer sind von gleicher oder fast gleicher Länge, ideal ist ein Scherengebiss, aber auch ein Zangengebiss ist zulässig.
Die dunkelhaselnussbraunen oder dunkelbraunen Augen sind rund und treten leicht hervor; die Nickhaut ist nicht sichtbar.
Der Behang ist in einer Höhe mit den Augen, etwas weiter hinten angesetzt und wird dicht am Kopf anliegend getragen.

Körper

Der Hals ist angemessen lang, sehr muskulös, jedoch nicht zu dick, leicht gebogen und frei von jeglichem Anzeichen einer Wamme.
Der Körper ist kräftig und muskulös mit einer tiefen Brust und gut gewölbten Rippen. Der Rücken soll sehr muskulös und kraftvoll sein.
Die Rute ist mittellang, nicht tiefer als bis zu den Sprunggelenken reichend, kräftig an der Wurzel, verjüngt sie sich allmählich zu einer feinen Spitze. Sie ist weder gedreht noch gewunden und wird in einer Ebene mit der Rückenlinie oder darunter getragen.
Der Hund zeigt gut zurückliegende, schräge Schultern. Die Ellenbogensind frei an den Seiten, dabei weder ein- noch ausdrehend. Die Vorderläufe sind gerade und sehnig mit guter Knochenstärke.
Die Hinterhand ist breit und kraftvoll, von der Hüfte bis zu den Sprunggelenken gute Länge der Schenkel. Die Kniegelenke sind gut gewinkelt, die Sprunggelenke gut tiefstehend und weder ein- noch ausdrehend.
Die Läufe haben starke Knochen, sind gut bemuskelt und sehnig.
Die Pfoten sind gut geformt, geschlossen, mit reichlicher Befederung zwischen den Zehen.

Haarkleid und Farbe

Die Hunde tragen langes seidiges Haar als sogenannte Befederung an der Rückenseite der Vorder- und Hinterläufe, sowie auf der Außenseite des Behangs. Gleichfalls ist eine angemessene Menge Haar an den Flanken zu finden, welches sich an Brust und Hals fortsetzt und dort eine

Der Irish Red and White Setter ist anhand seiner großen roten Flächen auf weißem Grund gut zu erkennen. Die Flächen dürfen übrigens nicht durchbrochen sein. Auf der Abbildung wird auch deutlich, wie wichtig schattige Bereiche in einem Außenzwinger sind!
Foto: I. Francais

Art Besatz bildet. Befederung grundsätzlich gerade, glatt und nicht zu üppig. Die Rute sollte gut befedert sein. Am Kopf, an den Vorderseiten der Läufe, sowie an den restlichen Partien des Körpers sollte das Haar kurz und glatt, ohne jegliche Lockenbildung sein, wobei eine geringe Wellenbildung zulässig ist.
Die zulässige Färbung besteht aus der Grundfarbe Weiß, mit nicht durchbrochenen roten Flächen, wobei beide Farben ein Maximum von Intensität und Leuchtkraft auszeichnen sollte. Eine Tüpfelung – jedoch keine Streifenbildung – am Gesicht, an den Pfoten, an den Vorderläufen bis höchstens zu den Ellenbogen und an den Hinterläufen bis höchstens zu den Sprunggelenken ist zulässig. Eine Streifenbildung, Tüpfelung und Sprenkelung an jedem anderen Körperteil ist unerwünscht und muss bei der Beurteilung bestraft werden.

Größe
Die erwünschte Schulterhöhe liegt bei Rüden zwischen 62 und 66 cm, bei Hündinnen zwischen 57 und 61 cm.

Der Irish Red Setter

(Auszüge aus dem gültigen FCI-Standard)
Der Irish Red Setter ist voller Qualität, freundlich im Ausdruck, aristokratisch, lebhaft und intelligent. Der Standard fordert einen rassigen, athletischen Hund, der insgesamt eher durchtrainiert und elastisch wirkt als kräftig und muskulös.

Wenn auf den ersten Blick doch nur leichte, so gibt es im Körperbau doch sichtbare Unterschiede zwischen dem Irish Red und dem Irish Red and White Setter. Der abgebildete Hund zeigt wunderschön reinweiße Flächen.
Foto: I. Francais

Für viele Hundeliebhaber ist die kastanienbraune Farbe des Irish Red Setter eine der schönsten in der Hundewelt. Ein sattes Kastanienbraun ist auch die einzige Farbe, die neben kleineren weißen Abzeichen erlaubt ist.
Foto: I. Francais

Kopf

Der Kopf ist lang, trocken, nicht schmal oder spitz, nicht grob. Der Schädel ist oval zwischen dem Behang, mit ausgeprägtem Hinterhauptbein. Der Stop ist ausgeprägt.

Die Nase ist dunkelmahagoni, dunkelwalnussfarben oder schwarz gefärbt mit weiten Nasenlöchern.

Der Fang ist tief und fast rechteckig; lang zwischen Stop und Nasenschwamm.

Die Kiefer sind kräftig, nahezu gleichlang, die Lefzen nicht pendelnd. Der Standard fordert ein Scherengebiss.

Die Augen sind dunkel, haselnussfarben oder dunkelbraun gefärbt, nicht groß.

Der Behang ist von mittlerer Größe, fein, tief und weit hinten angesetzt, in einer schönen Falte dicht am Kopf herabhängend.

Körper

Der Hals ist von mittlerer Länge, muskulös, nicht dick, leicht gebogen und trocken.

Die obere Körperlinie sollte von der Schulter bis zur Rute allmählich gerade abfallen mit gut erkennbaren Schulterblattkämmen und tiefreichenden und schräg zurückliegenden Schultern.

Die Lenden sind muskulös und leicht gewölbt.
Der Brustkorb ist tief mit einer schmalen Front, gut gewölbten Rippen und viel Platz für die Lungen, doch darf der Hund nicht fassförmig sein.
Die untere Profillinie ist ansteigend, aber gerade.
Die Rute ist von mittlerer Länge, passend zur Größe des Körpers, ziemlich tief angesetzt, stärker an der Wurzel, sich zu einer feinen Spitze verjüngend. Getragen auf gleicher Höhe mit dem Rücken oder tiefer. Ein leicht erhöhtes Tragen ist zulässig, wenn der Hund während der Arbeit Wild fest vorsteht.
Die Vorderläufe sind gerade und sehnig mit guter Knochenstärke.
Die Ellbogen sind frei und gut heruntergelassen, nicht nach außen oder innen gerichtet.
Die Hinterhand ist breit und kraftvoll; die Hinterläufe sind von der Hüfte bis zum Sprunggelenk lang und muskulös; vom Sprunggelenk bis zur Ferse kurz und kräftig. Knie und Sprunggelenke sind gut gebeugt, nicht nach außen oder innen gerichtet.
Die Pfoten sind klein und fest mit kräftigen Zehen, geschlossen und gewölbt.

Haarkleid und Farbe

Das Haar ist am Kopf, an den Vorderseiten der Läufe und an den Behangspitzen kurz und fein; an den anderen Körperteilen und an den Läufen von mittlerer Länge, glatt und möglichst frei von Locken und Wellen. Die Befederung am oberen Teil des Behanges ist lang und seidig; auf der Rückseite der Vorder- und Hinterläufe lang und fein; am Bauch ausreichend behaart, um eine Franse zu bilden, die sich über die Brust bis zur Kehle fortsetzen kann. Die Pfoten sind zwischen den Zehen gut befedert. Das mäßig lange Haar der Rute bildet eine Fahne, die sich zur Spitze hin verjüngt. Die gesamte Befederung ist glatt und gleichmäßig.
Die einzig zugelassene Farbe ist ein sattes Kastanienbraun, ohne jede Spur von schwarz; weiße Abzeichen an der Brust, am Hals, am Kinn, an den Zehen, oder ein kleiner Stern auf der Stirn, oder ein schmalen Streifen oder eine Blesse auf der Nase oder am Fang sind nicht disqualifizierend.

Die Setter heute

Aufgrund ihres wundervollen, edlen Aussehens und ihres freundlichen Wesens werden Setter – allen voran der Irish Red und der Gordon Setter – heute vor allem als Familienhunde gehalten. Aber auch als Jagdhunde werden sie noch häufig gezüchtet. Immer häufiger sieht man heute in Deutschland auch den English und den Irish Red and White Setter.
Setter eignen sich für alle Arten von Hundesport. Sie sind ausdauernde Läufer, intelligent und sehr lernfreudig. Moderne Sportarten wie Flyball, bei dem Ihr Hund nach Überwinden eines kurzen Hindernisparcours eine Ballwurfmaschine auslösen und den gefangenen Ball dann apportieren muss, stellen für diese Hunde ebensowenig ein Problem dar wie Agility. Neben diesen Sportarten können Sie mit Ihrem Setter auch an jagdlichen Prüfungen teilnehmen, wie sie die Rassevereine oder der Jagd- und Gebrauchshund-Verein e. V. anbieten.

Sie haben sich für den Kauf eines Hundes entschieden und es soll ein Setter sein. Sie können es sicher kaum erwarten, endlich Ihren Hund bei sich zu haben und hätten gerne den Besten der ganzen Welt. Bevor Sie sich jedoch unvorbereitet in eine Beziehung stürzen, die viele Jahre dauern wird, sollten Sie die folgenden Zeilen unbedingt lesen, sich Rat bei befreundeten Hundehaltern und Ihrem Setter-Verein holen. Überdenken Sie Ihre Entscheidung nochmals gründlich, denn die Anschaffung eines Hundes sollte keine Entscheidung aus dem Bauch sein. Sie nehmen ein Lebewesen in Ihre Familie auf und werden die Familie für dieses Lebewesen, Sie werden Jahre Ihres Lebens miteinander verbringen und sollten sich somit auch gegenseitig prüfen. Die Frage ist nicht, ob ein Setter zu mir oder ich zu ihm passe, die Frage ist, ob wir zueinander passen.

Voraussetzungen für die Haltung eines Setters

Sicher haben Sie sich schon Gedanken über den Kauf eines Hundes gemacht, bevor Sie dieses Buch erworben haben, und genauso sicher ist ein Setter für Sie in die engere Wahl gekommen.

Bei der Auswahl eines Hundes dürfen Sie sich zunächst nicht von der äußeren Erscheinung leiten lassen, wichtiger sind der Charakter und die Ansprüche des Hundes und wie Sie diesen gerecht werden können. Über den Charakter der Setter konnten Sie im vorangegangenen Kapitel schon einiges lesen, jedoch soll hier noch einmal etwas genauer auf die damit verbundenen Ansprüche dieser Hunde und Ihre Rolle als Besitzer eingegangen werden. Wenn Ihnen das grundsätzliche Wesen der Setter zusagt, haben Sie zumindest einen großen Vorteil: Sie können Ihrer Ästhetik zumindest soweit genügen, als Ihnen mit den verschiedenen Rassen vier recht wesensverwandte, dennoch äußerlich sehr unterschiedliche Hunde zur Wahl stehen.

Wenn Sie sich einen Setter anschaffen, müssen Sie vor allem eines haben: Zeit, sich um ihn kümmern zu können. Zeit ist wichtig, denn Ihr Hund kann einen noch so tollen Garten am Haus, Platz in der Wohnung oder Liebe der ganzen Familie bekommen, wenn er den ganzen Tag alleine ist, kann er sich weder wohlfühlen noch sich zu einem sozialen Mitglied Ihrer Familie, seines Rudels entwickeln. Setter sind auch keine Stubenhocker, sie wollen bei jedem Wetter beschäftigt werden und brauchen ihren Auslauf. Es muss Ihnen unbedingt klar sein, dass jedes Mitglied Ihres Haushalts seinen Beitrag dazu leisten muss, dass sich Ihr

Denken Sie dran!

Bevor Sie sich auf die Suche nach einem Welpen machen, prüfen Sie zunächst sich selbst. Ein Welpenkauf darf niemals spontan, unüberlegt oder sogar auf das Drängen anderer geschehen. Sie verbringen einige Jahre Ihres Lebens mit dem Hund, der Hund sein ganzes Leben mit Ihnen, dieser Verantwortung müssen Sie sich bewusst sein.

Egal für welche Setter-Rasse Sie sich entscheiden, Sie nehmen in jedem Fall einen Hund in Ihre Familie auf, der beschäftigt werden will! Auf dem Foto sehen wir einen English Setter. Foto: S. Hintzen

Hund bei Ihnen wohl fühlt. Dazu gehört zunächst die Akzeptanz jedes Einzelnen, dass überhaupt ein Hund angeschafft wird, und eine klare Aufgabenteilung unter den Familienmitgliedern. Nicht zuletzt die Verantwortung, bei Wind und Wetter mit Ihrem Hund mindestens drei- bis viermal hinaus zu gehen. Denken Sie auch an die Ferienzeiten, denn ab sofort ist da ein weiterer Gast auf Ihren Reisen, der besondere Ansprüche an die Unterkunft und Reisemittel stellt. Nicht jede Unterkunft nimmt Hunde auf, eine lange Fahrt mit dem Auto oder der Bahn will gut geplant sein, Flugreisen verteuern sich um einiges. Bedenken Sie dies!

Wieviel Raum benötigen Setter?

Ein Hund von der Größe eines Setters braucht Platz in der Wohnung. Ihnen muss klar sein, dass Sie keinen Setter in einer kleinen Wohnung ohne Garten halten können. Aus einer Wohnung ohne Fahrstuhl in den oberen Stockwerken kann ein ausgewachsener Setter in einer Notsituation schlecht gerettet werden, der Transport wird zum Wagnis. Wenn Sie in einem Mietshaus wohnen, dann sollten Sie nicht höher als im ersten Stock wohnen. Auch wenn das Haus einen Fahrstuhl besitzt, kann dieser immer einmal ausfallen. Das Skelett ist vor dem

18. Lebensmonat anfällig für Hüftschäden, die gerade durch Treppensteigen negativ begünstigt werden. Bitte lassen Sie Ihren Hund sein Dasein nicht in einem Zwinger fristen, schon gar nicht, wenn Sie nur einen Hund besitzen. Setter brauchen soziale Kontakte zu ihrer Familie. Der Hund wird alleine im Zwinger nicht nur nicht artgerecht gehalten, er kann schwere Verhaltensstörungen entwickeln, die von Schreckhaftigkeit bis zu Aggressionen führen. Der Ausschluss aus seinem Rudel ist für den Hund die schlimmste Strafe! Besitzen Sie mehrere Hunde, so ist gegen einen stundenweisen Aufenthalt im Zwinger nichts einzuwenden, wenn Sie ihn ausreichend groß und nicht nur innerhalb der gesetzlich vorgeschriebenen Mindestmaße bauen. So sollte ein Zwinger für zwei Setter mindestens 20 qm Grundfläche besitzen, einen schattigen Bereich und eine Hütte aufweisen. Haben Sie einen Garten, dann kann Ihnen sogar zu einer Zwingeranlage geraten werden, denn dies ist eine gute Möglichkeit für Ihren Hund auch bei schlechtem Wetter einige Stunden alleine im Freien zu verbringen. Die Zwingerhaltung darf nur nicht aus Bequemlichkeit zur Gewohnheit werden und nur für kurze Zeit am Tag eine Alternative für einen gemeinsamen Aufenthalt im Freien darstellen. Ihr Haus oder Ihre Wohnung müssen Ihrem Hund offenstehen. Natürlich kann es den einen oder anderen Raum geben, den der Hund nicht betreten darf, doch kann es nicht sein, dass letztendlich der Flur als einzig ständiger Aufenthaltsort für ihn übrig bleibt. Seinen Schlafplatz braucht der Hund genauso wie seinen Futterplatz, beide bitte nicht in Heizungsnähe und möglichst an einem kühleren Ort.

Das Leben in den gleichen Räumen bringt zwei der meist unerfreulicheren Seiten der Hundehaltung mit sich: eine Menge

Ihr Hund bleibt nicht immer ein niedlicher Welpe! Nicht nur seine Größe, auch sein Beschäftigungsanspruch wächst mit den Jahren. Foto: I. Francais

Haare und Schmutz. Dafür kann Ihr Hund nichts, daran kann er nichts ändern und Sie müssen sich darüber im klaren sein, dass gerade langhaarige Rassen fast ständig eine Menge Haare lassen werden.

Rein rechtlich müssen Sie als Mieter die Hundehaltung mit Ihrem Vermieter besprechen, wenn nicht schon im Mietvertrag eindeutige Vereinbarungen zur Haltung stehen.

Welche weiteren Überlegungen sollte ich vor dem Kauf anstellen?

Mit einem Setter haben Sie sich für einen Hund entschieden, der trotz aller Sanftmut immer noch seinen ursprünglichen Jagdtrieb in sich hat. Eine konsequente Erziehung ist dabei unerlässlich. Überlegen Sie sich lieber vor dem Kauf, ob Sie sich dieser Aufgabe gewachsen sehen.
Neben allen räumlichen und zeitlichen Ansprüchen, die Ihr Hund an Sie stellt, wird er Sie auch Geld kosten. Was so banal klingt, wird schnell wesentlich, wenn durch unvorhersehbare Erkrankungen oder Unfälle plötzlich Tierarztkosten anstehen, die auch schnell einige hundert Euro betragen können. Aber auch im Normalfall fallen Tierarztkosten für Impfungen und Routineuntersuchungen an, das Futter will bezahlt werden und die Gemeinden und Städte verlangen teilweise nicht unerhebliche Hundesteuern. Da Sie laut BGB für alle Schäden haften, die Ihr Hund verursacht, sollten Sie sich Gedanken über den Abschluss einer erweiterten Haftpflichtversicherung, einer sogenannten Hundehalterhaftpflicht, machen, die für diese Schäden aufkommt. Als Größenordnung für die Futter- und planmäßigen Tierarztkosten veranschlagen Sie zwischen 50 und 150 Euro im Monat, je nach Alter und Größe Ihres Setters.
Setter sind ideale Familienhunde, auch allein gehalten und auch für Familien mit kleineren Kindern. Aber auch der gutmütigste Hund kann zunächst beängstigend auf ein Kind wirken! Bringen Sie die beiden einander vorsichtig näher.
Welchen Charakter haben Sie? Stellen Sie sich diese Frage, denn gleich und gleich gesellt sich gern. Setter sind aktive, intelligente Hunde, die viel Bewegung und geistigen Anreiz brauchen. Wer einen Hund als Wohnungsgefährten sucht, ist mit einem Setter falsch beraten. Hier ist eher der aktive, sportliche Halter gefragt. Wenn Sie einen Hund suchen, der Sie bei den verschiedensten Sportarten begleitet, sind Sie sicher mit einem Setter gut beraten.

Denken Sie dran!

Hundekauf ist Vertrauenssache, doch blindes Vertrauen ist wie überall fehl am Platz. Lassen Sie sich vom Züchter die Papiere seiner Hunde zeigen, die Impfpässe der Welpen und die Ahnentafeln. Eine Hundezucht ist immer nur so gut wie die Zuchtüberwachung der Vereine. In Deutschland bürgt die Mitgliedschaft im VDH dafür, dass die Hunde nach bestem Wissen gezüchtet werden und kein „Hundevermehrer“ eine Chance hat, seine Profitgier zu befriedigen.

Hündin oder Rüde?

Die Entscheidung zwischen einem Rüden und einer Hündin stellt Sie vor allem dann vor Probleme, wenn Sie bereits Hunde besitzen. Zwei Rüden können unweigerlich in Rangordnungskämpfe verfallen, ein Rüde und eine Hündin müssen während der Läufigkeit getrennt werden, die beste Wahl stellen hier noch zwei Hündinnen dar. Ansonsten entscheiden

Welpe oder ausgewachsener Hund?

Eine weitere Entscheidung, die von Ihnen getroffen werden muss, ist, ob Sie sich einen Welpen oder einen ausgewachsenen Hund anschaffen. Für einen Welpen spricht einiges – gerade wenn es Ihr erster Hund ist. Sie erleben jeden Lebensabschnitt gemeinsam mit Ihrem Hund und können die Erziehung selbst in die Hand nehmen. Besorgen Sie sich einen ausgewachsenen Hund, wissen Sie nicht immer, wie er aufgewachsen ist und aus welchen Verhältnissen er kommt. Fehler, die bei der Aufzucht und Erziehung gemacht

Vor dem Hundekauf gilt es, eine Menge Überlegungen anzustellen und viele Entscheidungen zu treffen. Viele Menschen entscheiden sich – vor allem wenn sie sich das erstemal einen Hund kaufen – für einen Welpen. So erleben Sie alle Entwicklungsstadien zusammen.

Sie sich bei einem Rüden für den größeren und etwas massiveren Vertreter, der während der Läufigkeit seiner Liebsten aus der Nachbarschaft so manchen Abend heulend an der Tür verbringen kann, bei einer Hündin haben Sie Probleme während ihrer Läufigkeit, wenn Sie nämlich zur Verfolgten aller Rüden der Nachbarschaft wird. Rein von der Sauberkeit her merken Sie anfangs die Hitze Ihrer Hündin gar nicht, denn die Hunde halten sich selbst sehr sauber. Vom Wesen her kann ein zarter Rüde durchaus anhänglicher sein als eine dominante Hündin und die Vorhersage, dass alle Hündinnen lieber und zärtlicher sind als die meist dominierenden und schwierigeren Rüden, stimmt in beiden Richtungen nicht. Die Setter-Hündinnen aller Rassen sind von ihrer Erscheinung die zarteren Hunde, wirken schlanker und zeigen deutlich femininere Züge im Körperbau und in der schlankeren Kopfform.

Auch der Kauf eines erwachsenen Hundes hat seine Vorteile. Wenn Sie ihn aus guten Händen erwerben, ist er bereits gut sozialisiert und erzogen. Sowohl sein Wesen als auch seine Gesundheit sind gefestigt. Fotos: I. Francais

wurden, können nun nur noch schwer und oft nur mit viel Aufwand korrigiert werden. Andererseits können Sie auch Glück haben und erwerben einen bestens erzogenen, lieben Setter, der Ihnen einige Vorteile bieten kann. Zum Beispiel können Sie nicht alle Erkrankungen einem Welpen sofort ansehen, Verhaltensstörungen können sich erst spät zeigen, auch Störungen im Knochen- und Gelenkaufbau, allen voran die HD, zeigen sich erst beim ausgewachsenen Hund. Ein paar gute Gründe, auch über den Erwerb eines erwachsenen Hundes nachzudenken. Gerade wenn Sie die Ambition haben, mit dem Hund zu züchten, haben Sie hier das Risiko, zuchtausschließende Mängel beim Welpen nicht erkannt zu haben, ausgeschlossen.

Wo kaufe ich meinen Hund?

Haben Sie sich für einen Setter entschieden, wollen Sie einen gesunden Hund aus vertrauenswürdigen Händen. Bei der Suche nach Ihrem perfekten Hund wenden Sie sich am besten an Ihren Setter-Verein oder greifen auf die Empfehlungen von Freunden und Bekannten zurück, die selbst einen gesunden Hund erworben haben. Generell kann ich Ihnen keine Standardempfehlung geben, wo und bei wem Sie Ihrem Hund am besten kaufen, denn es ist zu einfach zu sagen, dass Sie bei einem Züchter generell den gesündesten Hund erwerben. Es ist immer eine Frage, wie die Hunde gehalten und behandelt werden. Nach der allgemeinen Erfahrung in Deutschland kann Ihnen an dieser Stelle nur dazu geraten werden, Ihren Setter bei einem privaten Züchter zu kaufen, der Mitglied in einem dem VHD angeschlossenen Verein ist. In Deutschland gibt es zur Zeit den „Verein für Pointer und Setter e. V.", der sich um alle vier Setter-Rassen kümmert, die rassesezifischen Klubs „English-Setter-Club Deutschland e. V.", „Gordon-Setter-Club Deutschland e. V." und den „Irish-Setter-Club e. V.", der bisher nur den Irish Red Setter betreut. Diese Mitgliedsvereine züchten nach den strengen Richtlininen des deutschen Dachverbands. Die Welpenvermittlung der Vereine weiß, welche Züchter gerade Welpen besitzen, welche Züchter gerade Würfe planen, und können Ihnen die Adressen geben. Da die Nachfrage nach Welpen oftmals größer ist als das Angebot, ist es sinnvoller nach den geplanten Würfen zu fragen, die in der Deckliste veröffentlicht werden. Sie können so schon vor der Geburt der Welpen Kontakt mit dem Züchter aufnehmen, mit ihm die Anschaffung besprechen und sich umfassend beraten lassen. Schauen Sie sich verschiedene Zwinger an und vergleichen Sie. Kaufen Sie nicht

Denken Sie dran!

Sehen Sie sich vorm Welpenkauf verschiedene Züchter an und vergleichen Sie. Lassen Sie sich auch die Mutter der Welpen zeigen und kontrollieren Sie ihren Gesundheitszustand. Die Welpen selbst sollten sich durch Neugier und Verspieltheit auszeichnen. Das Fell sollte glänzen, die Augen sind klar und die Ohren frei von Parasiten.

den erstbesten Welpen beim erstbesten Züchter, sondern prüfen genau, auch wenn der Welpe noch so niedlich und der Züchter noch so nett ist, ob auch wirklich alles mit dem Hund und der Aufzucht in Ordnung ist.

Wenn Hunde in so einem gepflegt wirkenden Umfeld aufwachsen und zudem genau das geeignete Kauspielzeug von Ihrem Halter bekommen, scheinen Sie bei der Suche nach einem guten Züchter schon auf dem richtigen Weg zu sein!
Foto: Sybille Knocke

Um den Züchter einschätzen zu können, sollten Sie wissen, dass die Hundezucht mehr ein Hobby denn eine Erwerbsquelle ist. Die Hundezucht bringt kaum genug Geld ein, um die laufenden Kosten zu tragen, schon gar nicht, wenn bei einem Wurf unerwartete Komplikationen und somit zusätzliche Tierarztkosten auftreten. Schon alleine die Papiere, die für diese Rassehunde ausgestellt werden müssen, die notwendigen Impfungen, die Aufzucht der Welpen, die Deckgebühren und die Untersuchungen des Muttertiers kosten bei einem durchschnittlichen Wurf pro Welpe weit über 500 Euro! Sie müssen deshalb stutzig werden, wenn die Zucht einen kommerziellen Anstrich hat und mehrere Würfe gleichzeitig großgezogen werden, am besten noch von unterschiedlichen Rassen. Achten Sie unbedingt auf die Sauberkeit beim Züchter, die Sie vor allem an den Futter- und Schlafplätzen der Hunde beurteilen können. Die Nähe zum Menschen ist für ein späteres Zusammenleben Hund-Mensch von Anfang an von entscheidender Bedeutung. Die Welpen müssen von der ersten Minute an den Kontakt zum Menschen

gewohnt sein, eine reine Zwingerhaltung verbietet sich somit von selbst. Ideal und wünschenswert ist das Zusammenleben im Haus, wobei Sie auch hier die Räumlichkeiten besichtigen sollten, ein Keller ist eben doch nur ein Keller, es sein denn, er ist angemessen ausgebaut und isoliert die Hunde nicht von den Räumen für die Menschen.
Aufschlussreich ist das Verhalten des Züchters während Ihrer ersten Kontakte. Ein seriöser Züchter sieht in seinen Welpen schon fast eigene Kinder und ein Welpenkauf ist für ihn mit einer Adoption vergleichbar. Nach diesen Kriterien verlaufen die ersten Unterredungen, in denen Sie aufs Persönlichste befragt werden und der Züchter alles über Sie herausfinden will, was er wissen muss, um im Gegenzug auch Ihre Seriösität, Eignung und Tierliebe beurteilen zu können. Er wird Sie weder zu einer Entscheidung drängen noch versuchen, Sie im Zweifelsfall zum Kauf zu überreden. Er wird Verständnis dafür haben, dass Sie sich noch bei anderen Züchtern umschauen wollen, und keine Taschenspielertricks der Sorte „Es ist der beste Welpe, den ich je hatte", „Alle anderen sind schon reserviert" oder „Nachher kommt noch ein Interessent" versuchen, das hat ein seriöser Züchter nicht nötig. Bei allem Edelmut, den ich den Züchtern unterstellen will, dürfen Sie nicht vergessen, dass ihm auch die genannten Kosten entstehen, die gedeckt sein wollen. Für einen Setter-Welpen ohne zuchtausschließende Merkmale zahlen Sie derzeit 700 bis 1 200 Euro. Sollte schon der Welpe zuchtausschließende Merkmale tragen, die allerdings die Gesundheit nicht beeinflussen, so wird der Züchter mit seiner Forderung sicher unter diesen Preisen liegen. Verbindliche Preisvorschriften gibt es jedoch nicht und so ist der Preis für Ihren Setter letztendlich eine reine Verhandlungssache zwischen Ihnen und dem Züchter.

Medizinische Untersuchung der Welpen

Die Vereine schreiben eine medizinische Untersuchung und Vollimpfung der Welpen nach acht Wochen vor, die Welpen eines Erstzüchters solltenzusätzlich schon nach einer Woche untersucht werden. Rassehunde werden in eine Ahnentafel eingetragen, die Ihnen Aufschluss über die Herkunft der Elterntiere nebst Groß- und Urgroßeltern gibt. Die Welpen werden erst nach Beendigung aller Untersuchungen und dem Nachweis aller Impfungen in diese Ahnentafel eingetragen. Der Züchter wird Ihnen gerne Einblick in die Ahnentafel und auch in das Zuchtbuch des Vereins mit allen Informationen über die Elterntiere geben. Hierbei ist eine Erkenntnis für Sie elementar wichtig: Die Papiere zu Ihrem Hund sind nur so gut wie der Verein, der sie ausstellt. Der Verein wiederum kann nur so gut sein wie seine Zuchtüberwachung. In Deutschland können Sie mit einer Satzung und entsprechender Mitgliederzahl einen Verein gründen und natürlich auch Hunde züchten. Keiner überprüft die züchterischen Aktivitäten der Vereine, solange sie den Auflagen der Tierschutzgesetze genügen. Die Vereine können die tollsten Papiere der Welt ausstellen. Ihnen als Käufer nützen diese

Sie müssen kein Tierarzt sein, um die Gesundheit eines Welpen grob einschätzen zu können. Der Züchter wird Ihnen gerne etwas zu jedem einzelnen Welpen sagen und Sie auf dessen Vorzüge, aber auch Nachteile hinweisen.
Foto: I. Francais

Auch so aktive hunde wie Setter dürfen einmal faul in der Sonne liegen. Besonders Welpen und Junghunde brauchen viele Ruhephasen am Tag. Foto: S. Hintzen

Papiere aber nur wenig, wenn sich der Champion aller Klassen als das ärmliche Produkt einer Profitzucht entpuppt. Nicht Papiere zu besitzen ist wichtig, sondern zu wissen, wer mit seinem Namen dafür steht. In Deutschland sind dies die Mitgliedsvereine des VDH.

Leider sind nicht alle Leiden, die zu einem Zuchtausschluss oder späteren Erkrankungen führen, schon beim Welpen erkennbar, gerade über die Ellbogendysplasie (ED) und Hüftgelenksdysplasie (HD) können trotz moderner medizinischer Methoden im Welpenalter von acht Wochen nur Vorhersagen gemacht werden, eine endgültige ED- und HD-Diagnose ist erst ab einem Alter von zwölf bis achtzehn Monaten verlässlich. Nicht selten vereinbaren die Züchter auch aus eigenem Interesse eine Kostenübernahme oder zumindest -beteiligung an einer HD- und ED-Röntgenuntersuchung des erwachsenen Hundes nach zwölf Monaten schon im Kaufvertrag.

Insgesamt sind verantwortungsvoll gezüchtete Setter gesunde Hunde, an denen Sie Ihre Freude haben werden.

Verhaltenstests und Allgemeinbild

Bisher wurde Ihnen viel über die Auswahl des Züchters erzählt und Sie erhielten Tipps, um die Gesundheit des Welpen einzuschätzen. Ganz wichtige Punkte bei der Auswahl des Welpen sind aber noch unerwähnt geblieben: ein paar einfache Verhaltenstests und eine abschließende Beurteilung des allgemeinen Zustands des Welpen. Gerade im Verhalten können sich sehr gravierende Mängel zeigen, die von Ängstlichkeit bis Aggressivität die gesamte Palette an Fehlverhalten abdecken. Hierfür kann es sowohl genetisch bedingte Ursachen geben, der Grund kann aber auch ein falscher Umgang mit den Welpen in den ersten Wochen sein. Diese Fehler sind in der späteren Entwicklung nur mit sehr viel

Aufwand zu beseitigen und auch manch erfahrener Hundehalter hatte seine Probleme damit. Wenn Sie sich das erste Mal einen Setter anschaffen, sollten Sie auf diesem Gebiet keine Experimente wagen. Verhaltensfehler sind sehr ernst zu nehmen und werden auch als zuchtausschließend beurteilt.

Um das Verhalten des Welpen zu beurteilen, beobachten Sie den Welpen zunächst völlig ungestört bei seinem Rudel. Achten Sie auf sein Sozialverhalten und eventuelle Auffälligkeiten in seinen Reaktionen. Anzeichen für ein gestörtes Verhalten sind übermäßige Unterwürfigkeit und Angst, ein zu dominantes und hyperaktives Verhalten oder auch eine übermäßige Aggressivität im Spiel. All dies sind zunächst auffällige Verhaltensweisen, die Ihre Aufmerksamkeit erwecken müssen. Testen Sie den oder die ausgewählten Welpen nun alleine, außerhalb der Sichtweite des Hunderudels und spielen mit ihm. Schauen Sie auch hier genau hin, ob sich der Welpe schüchtern, aggressiv oder unsicher verhält. Welpen sind allgemein neugierig und so sollte ein gesunder Welpe nach einem kurzen Schreck oder anfänglicher Unsicherheit, die ganz normal ist, schon bald wieder mit Ihnen spielen und Interesse an der neuen Situation zeigen. Hiernach beschäftigen Sie sich intensiver mit dem Hund, fassen ihn einmal an, nehmen ihn auf den Arm, halten ihn kurz an Fang und Läufen fest, um seine Reaktionen auf diese eher ungewohnten und nicht mehr rein spielerischen Reize zu untersuchen. Anzeichen für Störungen im Verhalten sind auch hier eine leichte Erregbarkeit, starke Unterwürfigkeit, Angst und gerade bei den letzten Tests eine niedrige Schmerzschwelle.

All diese Tests und Beobachtungen geben nur Hinweise und erlauben keine hundertprozentige Bewertung. Dennoch werden Sie mit Ihren genauen Beobachtungen mit Sicherheit einen gesünderen Welpen finden, als bei einem Spontankauf ohne Vorbereitung und der Möglichkeit zur Auswahl.

Noch einmal zusammengefasst: Kaufen Sie Ihren Setter nicht beim erstbesten Züchter, lassen Sie sich vom rassebetreuenden Verein eine Liste der bekannten und seriösen Züchter geben und vergleichen Sie verschiedene Züchter miteinander. Werden Sie misstrauisch bei Züchtern, die Ihnen einen Welpen aufschwatzen wollen und Sie bei der Kaufentscheidung unter Druck setzen. Lassen Sie sich immer die Mutterhündin zeigen und gehen Sie nach dem Kauf alsbald mit dem Welpen zu einem Routinecheck zu einem Tierarzt. Beachten Sie all diese Hinweise, wird Ihrem Glück mit Ihrem Setter nichts im Wege stehen.

Denken Sie dran!

Lassen Sie sich beim Welpenkauf unbedingt die Untersuchungsergebnisse der HD- und gegebenenfalls der ED-Röntgenuntersuchung zeigen. Diese Untersuchungen müssen für beide Elternhunde vorliegen und geben Ihnen Aufschluss über deren Belastung mit dem jeweiligen Merkmal. Optimal ist eine HD- und ED-Freiheit beider Hunde.

Verein für Pointer und Setter e. V.
Frentzenhofstr. 72
50354 Hürth
www.pointer-und-setter-verein.de

English-Setter-Club Deutschland e. V.
Hauptstr. 51
55437 Nieder-Hilbersheim
www.english-setter-club.de

Irish-Setter-Club Deutschland e. V.
Straße des Friedens 118
99869 Hochheim
www.irish-setter-club.de

Gordon-Setter-Club Deutschland e. V.
Feldstr. 49
45549 Sprockhövel
www.gordon-setter.de

Verband für das Deutsche Hundewesen e. V. (VDH)
Westfalendamm 174
44141 Dortmund 1
www.vdh.de

Deutscher Tierschutzbund
Baumschulallee 15
53115 Bonn
www.tierschutzbund.de

Fédération Cynologique Internationale (FCI)
13 Place Albert I
B–6530 Thuin/Belgien
www.fci.be

Österreichischer Kynologenverband
Johann-Teufel-Gasse 8
A–1238 Wien

Schweizerische Kynologische Gesellschaft
Lenggassstrasse 8
CH–3001 Bern

Die richtige Ernährung Ihres Setters ist die Grundlage für sein gesundes Wachstum in der Jugend, seine Aktivität und Fitness im erwachsenen Alter und eine Versicherung dagegen, im fortgeschrittenen Alter krank und träge zu werden. Leider wird dieses wichtige Thema zu oft aus falscher Profilierungssucht und Unverständnis mehr zerredet als konstruktiv besprochen. Nur um das Thema Ernährung nicht weiter aufzubauschen: Es bedarf weder eines umfangreichen Fachwissens noch einer ganzen Wissenschaft, um einen Hund gesund zu ernähren. Im Grunde geht es nur darum, dass Sie die Ansprüche der Rasse kennen, verstehen, wo die Rasse ihren Ursprung hat und welche Rolle die Ernährung im Leben Ihres Hundes spielt.

Sie werden dementsprechend in diesem Kapitel weder eine tagesgenaue Verpflegung finden, noch genaue Angaben zur Futtermenge, denn die optimale Versorgung ist eine sehr individuelle, auf die Bedürfnisse Ihres Hundes abgestimmte Angelegenheit. Genau hier liegt aber auch die größte Verunsicherung. Wieviel füttere ich meinem Hund? Welche Zusammensetzung muss das Futter haben? Sollte ich lieber Frisch- oder Fertigfutter verwenden? Dies sind die Fragen, die zu Anfang am häufigsten gestellt werden. Doch zunächst etwas Grundsätzliches zur Ernährung der Setter.

Frisches Wasser ist lebensnotwendig für Ihren Hund. Achten Sie darauf, dass das Wasser stets sauber und frei von Krankheitserregern ist. Sind Sie sich bei der Wasserqualität unsicher, geben Sie Ihrem Hund lieber frisches Leitungswasser, anstatt ihn Regenwasser trinken zu lassen.
Foto: I. Francais

Grundsätzliches zur Ernährung der Setter

Heute soll sich kein Hund mehr von Essensresten oder selbst erbeutetem Futter ernähren, wie dies bei den Ahnen unserer Rassehunde oft üblich war. Dennoch ist es durchaus vertretbar und dient der Abwechslung, wenn Sie hier und da vorgekochtes Gemüse oder Obst zufüttern. Das Fertigfutter ist im Lauf der Jahre immer besser geworden und stellt heute eine einfache, unkomplizierte und sichere Alternative zur eigenen Futterherstellung dar. Lassen Sie sich durch die vielen unterschiedlichen Aussagen zur richtigen Ernährung nicht verunsichern. Wenn Sie heute zehn Züchter danach fragen, was sie ihren Hunden geben, dann erhalten Sie mindestens ebenso viele Antworten, die von Fertigfutter bis selbstzubereiteten Mahlzeiten die gesamte Palette beinhalten. Statt gezielte Vorschriften zu befolgen, beachten Sie lieber die allgemeinen Ratschläge auf den nächsten Seiten, denn grundsätzliche Regeln zur Fütterung müssen Sie auf jeden Fall beachten.

Denken Sie dran!

Teuer bedeutet nicht gleichzeitig gut. Bei der Auswahl des Futters sollten Sie sich nicht durch Werbeversprechen oder den Preis leiten lassen. Achten Sie darauf, dass das Futter den Bedürfnissen Ihres Hundes gerecht wird und er es verträgt. Dabei ist Abwechslung wichtig, um die Gewöhnung an nur ein Futter zu vermeiden.

Den ganzen Tag über gehört frisches Wasser an den Futterplatz, Futterreste müssen nach den Mahlzeiten unbedingt entfernt und der Futterplatz peinlich sauber gehalten werden. Das Futter selbst muss Zimmertemperatur haben. In seinen wilden Ursprüngen hat der Hund seine Beutetiere auch bei Umgebungstemperatur gefressen. Obwohl der Hund als Fleischfresser gilt, hat er seine tierischen Opfer, meist kleinere, pflanzenfressende Säugetiere, samt aller Eingeweide gefressen und somit vorverdaute, pflanzliche Nahrung aufgenommen. So füttern Sie auch heute noch einen gesunden Mix aus tierischer und pflanzlicher Nahrung. Vor und nach den Mahlzeiten müssen Sie Ihrem Setter etwas Ruhe gönnen, ideal wäre je eine Stunde. Vor dem Fressen ist dies wichtig, damit der Hund nicht zu hastig frisst, Luft verschluckt und Blähungen entwickelt, nach dem Essen soll der Organismus einige Zeit für eine gesunde Verdauung bekommen.

Selbst zubereiten oder Fertigfutter?

Sie müssen Ihrem Hund eine ausgewogene Kost anbieten, die alle Nährstoffe, Vitamine und Mineralstoffe enthält, die er braucht. Hierbei hat sich in den letzten Jahren zunehmend das Fertigfutter als einfache und sichere Art erwiesen, dies zu erreichen. Gegen das alleinige Verfüttern von Fertigprodukten spricht prinzipiell nichts, wenn Sie wissen, worauf Sie achten müssen.
Fertigfutter erhalten Sie derzeit als Feuchtfutter in Dosen, als Halbfeuchtfutter meist in Plastik- oder Alubeuteln und als Trockenfutter, nicht zu verwechseln mit den ebenfalls trockenen Beimixern. Die verbreitetsten Fertigfut-

terarten sind Trockenfutter und Feuchtfutter in der Dose. Beide stellen Alleinfutter dar und sind vom Hersteller so konzipiert, dass sie als Hauptfutter den Bedürfnissen Ihres Hundes gerecht werden. Gleiches gilt für die halbfeuchten Futter, die preislich am höchsten liegen und zur Bewahrung ihrer Konsistenz einen recht hohen Zuckeranteil aufweisen. Bei den billigeren Dosenfuttern müssen Sie besonders auf den meist sehr hohen Fettanteil achten. Trockenfutter ist am längsten haltbar und unkompliziert zu verfüttern. Da es kaum Wasser enthält, wird Ihr Hund etwas mehr trinken.

Alle Fertigfutter sind als Nahrungskonzentrate zu verstehen, denen vor allem wichtige Ballaststoffe fehlen. Sie sollten das Futter deshalb unbedingt mit Ballaststoffen anreichern. Diese werden zum einen in fertigen Mixern angeboten, können aber auch in Form von eingeweichten oder vorgekochten Feldfrüchten oder Getreide, zum Beispiel Vollkornreis, gefüttert werden. Gerade Dosenfutter mit einem hohen Wasser- und Fettanteil muss auf diese Weise aufgewertet werden. Lesen Sie sich die Inhaltsangaben des Futters gut durch. Das Futter muss den Bedürfnissen Ihres Hundes und seinem Alter entsprechen. Manche Hersteller verschweigen die genaue Zusammensetzung ihres Futters und geben nur für die wertvollen Inhaltsstoffe eine Prozentangabe an. „Füllstoffe", wie bei Dosenfutter ein hoher Wasser- oder Fettanteil, werden verschwiegen. Auf dem Futter muss sich eine Angabe finden, wieviel Futter pro Kilo Hundegewicht empfohlen wird. Einige Futter basieren auf einem hohen Soja-Anteil, auf den manche Hunde allergisch reagieren.

Inzwischen werden spezielle Futter für Welpen und Senior-Hunde angeboten, die den unterschiedlichen Ansprüchen der einzelnen Lebensabschnitte gerecht werden sollen. Welches Futter Ihr Setter am besten verträgt, ist dennoch eine Frage des Ausprobierens. Ansonsten gilt auch beim Verfüttern von Fertigfutter: Achten Sie auf Abwechslung, variieren Sie den Hersteller und die Sorten. Bereiten Sie ruhig die eine oder andere Mahlzeit selbst zu. Nur so vermeiden Sie, dass sich Ihr Hund an ein Futter gewöhnt. Sollte es einmal zu Unverträglichkeiten, Allergien oder einer krankheitsbedingten Futterumstellung kommen, wird dieser Futterwechsel, der auch bei einem gesunden, aber an ein spezielles Futter gewöhnten Hund Schwierigkeiten bei der Verdauung mit sich bringen kann, den Organismus des kranken Hundes zusätzlich schwächen.

Wenn Sie einmal Mahlzeiten selbst zubereiten, achten Sie bitte auf die Zusammensetzung und Menge.

Was darf ich füttern, was nicht?

Sie dürfen einige Nahrungsmittel auf keinen Fall an Ihren Setter verfüttern. Dazu zählen alle Arten von Knochen, die splittern und zu schweren inneren Verletzungen der Verstopfung führen können, rohes Fleisch jeder Herkunft, sämtliche gewürzten Nahrungsmittel und Süßigkeiten. Gerade im rohen Schweinefleisch können eine Vielzahl von Viren, Bakterien und Parasiten leben, die durch

Leckerchen sind hervorragend für die Motivation beim Training. Ansonsten gehen Sie lieber sparsam mit ihnen um, denn schnell ist der Kalorienbedarf des Welpen gedeckt, ohne dass er hochwertige Welpennahrung geferssen hat. Foto: I. Francais

Kochen leicht abgetötet werden, ansonsten für Ihren Hund eine lebensbedrohliche Gefahr darstellen können. Das Verfüttern von Knochen ist immer wieder Grundlage für heiße Diskussionen. Die wildlebenden Vorfahren unserer Haushunde haben selbstverständlich die Knochen ihrer Beutetiere gefressen, doch hatten sie auch gänzlich andere Fressgewohnheiten. Vom Beutetier wurden zunächst die Muskeln und Eingeweide, erst zuletzt die Knochen gefressen. Magen und Darm sind schon gefüllt, wenn die Knochen gefressen werden, die Hunde sind schon gesättigt und fressen nicht mehr so gierig. Die Knochensplitter können den Magen- und Darmwänden nicht mehr oder kaum gefährlich werden. Dies ist bei unseren Hunden heutzutage etwas anders. Ihr Hund wird sich nicht den Magen für drei Tage vollschlagen und Knochen werden eher hastig gefressen. Deshalb beugen Sie den Gefahren innerer Verletzungen vor, indem Sie nur spezielle Kauknochen, Schweineohren, Ochsenziemer oder Rinderhufe verfüttern. Experimentieren Sie ein wenig mit Obst oder Gemüse, wobei Kohl wie beim Menschen zu Blähungen führt und deshalb ebenso vermieden werden muss, wie die meist schwer im Magen liegenden Pilze. Gemüse müssen Sie immer vorkochen, da der Hund es von Natur aus roh nicht gut verdauen kann. Eine weitere Abwechslung ist das Verfüttern von Fisch. Wenn Sie oft lesen, dass Tischabfälle nicht als Hundefutter geeignet sind, dann ist dies nur teilweise richtig. Die Kritik geht vor allem gegen die meist reichlichen Gewürze, und aus erzieherischen Maßnahmen gegen das Füttern am Tisch. Sie können Ihrem Hund durchaus die übriggebliebenen Kartoffeln, den Reis oder auch Fleisch- und Fischreste zufüttern, dagegen spricht absolut nichts.

Futteransprüche des Welpen

Die Futteransprüche des Welpen sind besonders hoch. In den ersten Wochen und Monaten sind die kleinen Setter in einer sehr starken Wachstumsphase, in der sich jede falsche Ernährung besonders negativ auf den gesamten Organismus und speziell auf das Skelett auswirkt. Doch keine Sorge, bis zur sechsten Woche werden die Welpen bestens durch die Muttermilch versorgt, die ab der dritten bis vierten Woche durch erste Beifütterungen ergänzt werden sollte. Die Mutter muss in den ersten 24 Stunden nach der Geburt mit dem Säugen der Jungen beginnen. Die Muttermilch versorgt die Welpen nicht nur optimal mit allen Nährstoffen, sondern enthält auch erste Antikörper, die das noch wenig entwickelte Immunsystem der Kleinen entscheidend stärken.

Nach acht Wochen sind die Welpen dann von der Muttermilch entwöhnt und werden mit einem speziellen, auf Welpen abgestimmten Futter ernährt. Im Wesentlichen benötigen die Kleinen nun Proteine (der Proteingehalt der Nahrung sollte nicht wesentlich über 25 % liegen, Werte bis 22 % sind auch vertretbar), Fette und Mineralstoffe, vor allem Calcium und Phosphor zum Knochenaufbau. Sie haben die Wahl, die Welpen mit

Die Futteransprüche des Welpen sind besonders hoch. Welpen und Junghunde im ersten Lebensjahr befinden sich in einer schnellen Wachstumsphase, in der sich eine Unter- aber auch Überversorgung mit verschiedensten Nährstoffen sehr negativ auswirken kann. Foto: Archiv bede-Verlag

einer Fertigkost zu versorgen, die bereits alle entscheidenden Nährstoffe enthält, oder Sie bereiten das Futter selbst zu. Ich empfehle Ihnen einen gesunden Mix aus Fertignahrung und Eigenmischungen, um die Gewöhnung an ein Futter zu vermeiden. Vermeiden Sie eine zusätzliche Aufbaunahrung neben einer gesunden Welpenkost! Solche Power-Nahrung führt nur zu einem unnatürlich schnellen Wachstum, was wiederum zu Wachstumsdefekten führen kann, oder bei Welpen, die schon zu orthopädischen Problemen wie HD neigen, diese fördert. Setzen Sie dem selbst zubereiteten Futter nach Absprache mit Ihrem Tierarzt ein Vitamin- und Mineralstoffpräparat zu. Die im Handel erhältlichen Fertigfutter für Welpen enthalten schon einen entsprechend höheren Anteil an Mineralien und Vitaminen, eine zusätzliche Aufwertung mit diesen Stoffen birgt die Gefahr der Gelenkversteifung, zu massiver und dadurch deformierter Knochen. Die noch weichen Knochen des Welpen härten durch die Einlagerung von Kalk aus, dabei ist sowohl eine Überversorgung als auch eine Unterversorgung schädlich und führt zu Wachstumsstörungen. Die genauen Dosierungen sowohl der Ergänzungspräparate als auch des Fertigfutters entnehmen Sie bitte der jeweiligen Beilage oder dem Aufdruck.

Füttern Sie, wenn Sie den Welpen nach acht bis zehn Wochen vom Züchter abholen, zunächst nach dessen Essensplan weiter und stellen Sie erst allmählich das Futter auf Ihre bevorzugte Weise um. Der Welpe erhält so einen schonenden Übergang, der ihm sowohl die Eingewöhnung im neuen Heim als auch seiner Verdauung die Umstellung auf ein neues Futter vereinfacht.

Bis zum Alter von etwa acht Monaten (als Richtlinie: nach dem Zahnwechsel) sollten Sie bei einer speziellen Welpenkost für Ihren Setter bleiben. Die Tagesration verteilen Sie anfangs auf drei bis vier oder mehr Portionen. So erreichen Sie eine möglichst gleichmäßige Nährstoffzufuhr und somit ein gleichmäßiges Wachstum. Nach zwölf Monaten genügt es, wenn Sie nur noch zweimal täglich füttern.

Denken Sie dran!

Auch wenn Welpen bei der Futterwahl besondere Ansprüche stellen, lassen Sie sich nicht zu besonderen Leistungsfuttern hinreißen. Durch einen zu hohen Proteingehalt beschleunigen diese das Wachstum nur unnatürlich. Normal für eine gesunde Welpenkost ist ein Proteinanteil von maximal 22 Prozent.

Futteransprüche des erwachsenen Hundes

Setter sind mit einem Alter von zwei Jahren erwachsen. Schon mit einem Jahr sind die Hunde körperlich ausgewachsen, aber noch nicht ausgereift. Die Knochen sind dann aber schon stabil und Sie können Ihren Hund nun stärker beanspruchen. Ihr Hund benötigt eine andere, auf die Bedürfnisse dieses Lebensabschnitts abgestimmte Kost. Die Fütterungen reduzieren Sie jetzt auf zweimal täglich. Wann Sie Sie die Hauptmahlzeit reichen, können Sie ganz Ihrem Tagesrhythmus anpassen, sinnvoll ist eine Fütterung morgens oder abends. Die Kost muss weiterhin ausgewogen bleiben. Sorgen Sie für Abwechslung und nehmen Sie beim Fertigfutter eine Sorte für erwachsene Hunde. Zusätzliche Vitamin- und vor allem Mineralstoffgaben sind nicht erforderlich, die Vitamin zufuhr über das tägliche Futter, das Sie jederzeit gerne mit etwas Obst ergänzen können, deckt den Bedarf. Wieviel Futter Ihr Hund benötigt, ist individuell und hängt unter anderem von seiner Aktivität und seinem gesundheitlichen Zustand ab.

Füttern Sie nur so viel, wie Ihr Hund auch hintereinander frisst. Die Reste entfernen Sie nach jeder Mahlzeit. Frisst er seinen Napf immer leer, füttern Sie etwas mehr; lässt er immer etwas übrig, so füttern Sie etwas weniger. Über- und Untergewicht sind für Sie leicht durch einen kurzen Druck auf die Rippen zu erkennen und durch entsprechende Futterumstellung anfangs schnell zu regulieren. Bei einem normalgewichtigen Hund sollten Sie die Rippen ertasten können, ohne dass darüber eine dicke Fettschicht liegt. Bei einem untergewichtigen Hund zeichnen sich die Rippen deutlich ab und lassen sich ohne Druck ertasten. Zu fette und zu magere Setter sind anfällig für ver-

Jagdlich gehaltene Setter wie diese Gordon Setter Arvak, Biene, Babette und Enja „vom Meererbusch“ aus der Leistungszucht von Frau Annemarie Püchner haben besondere Ernährungsansprüche.
Foto: S. Hintzen

schiedenste Gebrechen, darum müssen Sie auf das Gewicht besonders achten. Achten Sie auf eine Anreicherung des Futters mit wichtigen Ballaststoffen und bedenken Sie, dass Ihr ausgewachsener Hund nun durch Ihre Fütterungen nicht mehr wachsen muss, sondern nur noch seinen Zustand erhalten will. Je aktiver Ihr Setter ist, desto mehr Nahrung benötigt er auch, in einer ruhigeren Phase wird sein Futterbedarf sinken.

Futteransprüche im Alter

Mit fortschreitendem Alter, und Setter zählen mit etwa acht Jahren zu den älteren Hunden, finden im Körper Veränderungen statt, die sowohl auf einer allgemeinen Abnutzung und Schwächung, als auch auf einer ebenfalls ganz natürlichen Umstellung des Stoffwechsels beruhen. Genauso wie Ihr Hund nun ruhiger wird, ist der Stoffwechsel langsamer. Die Verdauung ist nicht mehr so effektiv wie früher, Nährstoffe werden nicht mehr so effektiv aufgenommen.
Ihr Hund benötigt nun eine leicht verdauliche Kost, mit einem höheren Anteil an Kohlehydraten. Reduzieren Sie die Futtermenge, denn Übergewicht schadet Ihrem alten Hund, es belastet die häufig zu Arthritis neigenden Gelenke unnötig und kann die Folgen einer bestehenden, auch nur leichten HD verschlimmern. Ihr Setter ist nun von Natur aus ruhiger, schläft mehr und bewegt sich weniger. Dementsprechend sinkt auch sein Futterbedarf. Im Handel werden verschiedene Fertigfutter für ältere Hunde als Senioren- oder Light-Marken angeboten, die im wesentlichen diesen neuen Ernährungsansprüchen gerecht werden sollen. Auch kann eine etwas teurere Premium-Marke die beste Alternative für Ihren alternden Hund darstellen. Experimentieren Sie etwas herum und fragen im Zweifelsfall Ihren Tierarzt. Gerade verschiedene Fettsäuren, mit denen Sie das Futter anreichern können oder die in verschiedenen Futtern enthalten sind, helfen gelenkgeschädigten Hunden oft sehr.
Seien Sie sich aber bitte im Klaren darüber, dass eine gewisse Degeneration mit all ihren Problemen im Alter völlig normal ist und nicht gestoppt werden kann. Es geht für Sie jetzt darum, Ihrem Hund das Altwerden so angenehm wie möglich zu machen, wozu auch seine richtige Ernährung gehört. Viele Setter bleiben so topfit bis ins hohe Alter, das oft über zwölf Jahre betragen kann.

Was Sie sonst noch wissen müssen

Sie sehen, bis auf ein paar Regeln, an die Sie sich bei der Ernährung Ihres Hundes ebenso halten müssen wie bei Ihrer eigenen Ernährung auch, stellt Sie die richtige Ernährung Ihres Hundes vor keine unüberwindbaren Probleme.
Setter sind recht robuste Zeitgenossen, dennoch kann auch ihnen durch eine falsche Ernährung geschadet werden. Gerade übergewichtige Hunde werden Probleme mit den Gelenken bekommen und ihre Lebenserwartung ist geringer als die von normalgewichtigen Artgenossen. Kastrierte Rüden neigen dazu, schneller etwas Speck anzusetzen, und müssen deshalb besonders kalorienarm ernährt werden.

Die Hundeerziehung ist eine oftmals kontrovers diskutierte Angelegenheit. Die einen sehen in ihr die Vermenschlichung eines ursprünglich wilden Tieres, die anderen halten eine solide Grunderziehung für unabdingbar. Ihren Setter gar nicht zu erziehen ist schlichtweg unrealistisch, unverantwortlich und letztlich auch nicht durchführbar. Schon das Aufzeigen von Freiheiten und Beschränkungen mündet in einer Erziehung, und einen Setter in völliger Freiheit und Eigenverantwortung zu halten hieße, ihm alles zu erlauben. Natürlich muss ein Hund keine Kunststücke vorführen können, keinen Ball balancieren oder auf den Hinterbeinen laufen. Neben den gesundheitlichen Risiken sind diese Kunststücke nicht notwendig für eine funktionierende Hund-Mensch-Beziehung. Notwendig ist allerdings eine umfassende Grunderziehung, die ein geordnetes Zusammenleben in einem

Auch ein schöner Hund kann Leistung zeigen, wie dieser wundervoll gepflegte Gordon Setter beweist.
Foto: I. Francais

sozialen Umfeld überhaupt erst ermöglicht. Hierzu gehört auf Seiten des Setters das Befolgen verschiedener Kommandos genauso wie seine Stubenreinheit und das Unterlassen von eindeutig belästigenden Verhaltensweisen wie das Betteln oder Anspringen von Menschen.

Grundlagen der Erziehung

Die Erziehung Ihres Hundes muss auf gegenseitigem Respekt und Vertrauen aufgebaut sein, nicht auf Bestrafungen und Zwang. Ihr Hund muss Sie und Sie müssen Ihren Hund verstehen lernen. Auf Ihrer Seite gehört zu einer guten Erziehung neben dem sinnvollen Vermitteln, wie Ihr Hund auf Ihre Kommandos reagieren muss, vor allem die Konsequenz aller an der Erziehung beteiligten Personen. Sie können nicht erwarten, dass Ihr Setter beim ersten Üben gehorcht, denn auch wenn es trivial klingen mag, er versteht Sie nicht. Sie müssen ihm genau zeigen, was Sie von ihm wollen. Jeder, der mit dem Hund zu tun hat, muss sich dabei an einheitliche Regeln halten. Jedes Kommando kann nur eine Handlung nach sich ziehen, gerade Verbote müssen einheitlich gehandhabt werden. Was bei einem Mitglied der Familie verboten ist, darf von den anderen nicht erlaubt werden. Setter sind sehr intelligente Hunde, die schnell lernen.

Wann beginnen?

Mit der Erziehung des Welpen müssen Sie früh beginnen. Genau genommen erziehen Sie Ihren Welpen von der ersten Minute Ihres Zusammenlebens an. Gerade die Stubenreinheit ist ein Problem, das Sie sicher schnell in den Griff bekommen wollen. Auch andere Kommandos, wie zum Beispiel das Auslassen, sind sehr wichtig, nicht zu reden von einer schnellen Gewöhnung an das Alleinsein und die Leine. Fangen Sie mit Ihren Lektionen also früh an, überfordern Sie aber Ihren Welpen nicht! Üben Sie anfangs nicht länger als ein paar Minuten am Stück und wiederholen Sie die einzelnen Lektionen lieber häufiger am Tag. Auch Setter lernen, genau wie Menschen, nicht alle gleich schnell und nicht alle mit dem gleichen Interesse. Sportliche Übungen und weitere Ausbildungen, zum Beispiel Agility oder im jagdlichen Bereich, sind frühstens ab einem Alter von zwölf Monaten ratsam. Erst jetzt ist das Skelett gefestigt genug, um den Beanspruchungen standzuhalten. Verlieren Sie nicht die Geduld, wenn die Übungen auch mal ausfallen müssen, weil Ihr Kleiner lieber spielen will! Die Übungen müssen in Ruhe ablaufen und

Denken Sie dran!

Ihr Verein bietet regelmäßige Treffen auf dem Hundeübungsplatz an. Sie sehen andere Halter und Hunde und können Ihre Erfahrungen und Probleme in der Hundeerziehung mit erfahrenen Hundetrainern diskutieren. Neben diesen Treffen werden auch gemeinsame Spaziergänge angeboten, die eine weitere Möglichkeit sind, mit anderen Hundehaltern in Kontakt zu kommen.

die Konzentration des Hundes muss bei Ihnen sein. Trainieren Sie also nicht nach oder vor den Essenszeiten, nach größeren Anstrengungen, in ungewohnter Umgebung oder aufregender Situation. Jeder Lernerfolg, sei er noch so klein, wird von Ihnen durch Worte, Streicheln oder eine Leckerei (was nicht Süßigkeit bedeutet!) belohnt. Halten Sie sich an diese Grundregeln, wird sich auch bei Ihrem Setter der Lernerfolg mit der Zeit einstellen und angenehm für beide Seiten zeigen.

Die Stubenreinheit

Wenn Sie sich einen acht bis zehn Wochen alten Welpen ins Haus holen, steht neben viel Spaß und Spiel auch eine Menge Arbeit an. Bei allen anderen Dingen, die Ihr Setter nun lernen und kennenlernen soll, steht die Stubenreinheit ganz oben auf der Liste der zu erledigenden Dinge. Ihr Ziel hierbei ist es, dass der Welpe sein Geschäft nur außerhalb der Wohnung verrichtet. Glücklicherweise zeigt Ihr Welpe an, wann er ein Geschäft zu verrichten hat. Er wird unruhig, schnuppert viel auf dem Boden, dreht sich leicht im Kreis. Nun wird es Zeit mit ihm nach draußen zu gehen, bis er seine Notdurft verrichtet hat und Sie ihn ausgiebig gelobt haben. Auch nach jeder Mahlzeit und jedem Schlaf müssen Sie mit dem Kleinen raus gehen und ihn nach verrichteter Dinge ausgiebig loben. Damit nachts kein Malheur passieren kann, sollte sich Ihr Setter melden, wenn er muss. Da Hunde niemals ihren eigenen Schlafplatz beschmutzen, genügt es meistens, dass Sie diesen nachts zum Beispiel mit einem kleinen Zaun oder Gitter umstellen, so dass sich Ihr Welpe in seiner Not bemerkbar machen wird. Sollte es trotz aller Umsicht doch einmal zu einem Unfall in der Wohnung kommen, können Sie Ihren Setter, wenn Sie ihn auf frischer Tat ertappen, ruhig durch ein strenges „Pfui“ oder „Nein“ auf Ihr Missfallen hinweisen. Entdecken Sie sein Geschäft allerdings erst später, so wird er bei einer Ermahnung nicht mehr die Verbindung zu seinem Missgeschick erken-

Auch wenn Sie sich dessen vielleicht gar nicht so bewusst sind, aber Sie beginnen mit der Erziehung Ihres Hundes von der ersten Minute Ihres Zusaammenlebens an. Verpassen Sie nicht die wichtigen ersten Wochen und lassen Ihrem Setter alles durchgehen! Foto: S. Hintzen nen. Es bleibt Ihnen nur, die Sache gründlich zu reinigen, damit Ihn der Geruch nicht zu weiteren Missetaten verleitet.

Das Alleinsein

Aller Anfang ist schwer und auch die selbstverständlichsten Dinge müssen geübt werden – so auch das Alleinsein. Es ist letztlich nur eine Frage der Gewöhnung und des Vertrauens, das Ihr Hund in Sie hat, denn dass er bellt und sich unwohl fühlt, wenn Sie ihn allein lassen, liegt an seiner Unsicherheit, ob und wann Sie wieder kommen. Beweisen Sie ihm, dass er sich auf Sie verlassen kann, indem Sie ihn anfangs nur sehr kurz alleine lassen. Beobachten Sie ihn dabei, kehren aber erst dann in das Zimmer zurück, wenn er aufhört nach Ihnen zu rufen. Er soll nicht lernen, dass Sie kommen, wenn er bellt, sondern dass Sie immer wiederkehren. Üben Sie dies mit Ihrem Welpen sofort nach der Eingewöhnung, denn nur so vermeiden Sie einen Setter, der später vor dem Supermarkt von der ersten bis zur letzten Minute die Nachbarschaft zusammenbellt. Auch Ihrem Hund wird dies ein angenehmeres Leben bereiten und er wird sich bei einer kleinen Belohnung nach jeder Rückkehr sicher schnell an das gelegentliche Alleinsein gewöhnen.

Hat Ihr Setter genügend geeignetes Spielzeug, lässt er auch Ihre Schuhe in Ruhe! Foto: S. Hintzen

Die Leinenführung und „Fuß"-Gehen

Sich an die Leine zu gewöhnen bedeutet nicht nur, dass sich Ihr Setter die Leine bereitwillig anlegen lässt, sondern vielmehr auch, dass er beim Spazierengehen nicht ständig daran zerrt, sondern „Fuß" läuft.

Zunächst sollten Sie Ihren Welpen an das Anlegen und Tragen der Leine gewöhnen. Dies schaffen Sie am besten durch häufigeres Anlegen, Loben und wieder Abnehmen – natürlich nur im sinnvollen Umfang, sonst wird es Ihrem Welpen schnell lästig.

Auf den Spaziergängen muss Ihr Setter lernen, an der Leine neben Ihnen zu laufen. Das gebräuchliche Kommando ist ein kurzes, energisches „Fuß". Als Unterstützung und um die Aufmerksamkeit Ihres Setter zu erhalten, nennen Sie zunächst seinen Namen und klopfen sich leicht auf die Schenkelseite, an der der Hund laufen soll. Normalerweise läuft der Hund an Ihrer linken Seite, wobei Sie die Leine in der rechten Hand halten. Wie bei allen erzieherischen Maßnahmen loben Sie Ihren Hund ausgiebig, wenn er Ihrem Befehl folgt. Eine Belohnung durch ein Leckerli sollte nicht zur Gewohnheit werden, kann aber gerade anfangs den Lernerfolg erheblich beschleunigen. Damit Ihr Hund nun auch auf gleicher Höhe und im gleichen Tempo mit Ihnen läuft, klopfen Sie sich leicht gegen den Oberschenkel, um so seine Aufmerksamkeit weiter zu erhalten. Bleibt er bei Ihnen, wird er gelobt. So lernt Ihr Hund, bei Ihnen zu laufen. Entfernt er sich, können Sie mit Ihrer linken Hand die Leine ergreifen und ihn durch ein kurzes Ziehen und ein strenges „Nein" oder das neuerliche Kommando „Fuß" auf Ihre Missbilligung aufmerksam machen. Sobald er darauf reagiert und wieder an Ihrer Seite läuft, wird er belohnt.

Kommen auf Ruf

Das Kommen auf Ruf ist wohl die Grundvoraussetzung, soll Ihr Hund ohne Leine laufen. Gleichzeitig ist das Üben dieses

Auch wenn sich Ihr Welpe zunächst sträuben wird – die Gewöhnung an Halsband und Leine lässt sich keinesfalls aufschieben! Foto: I. Francais

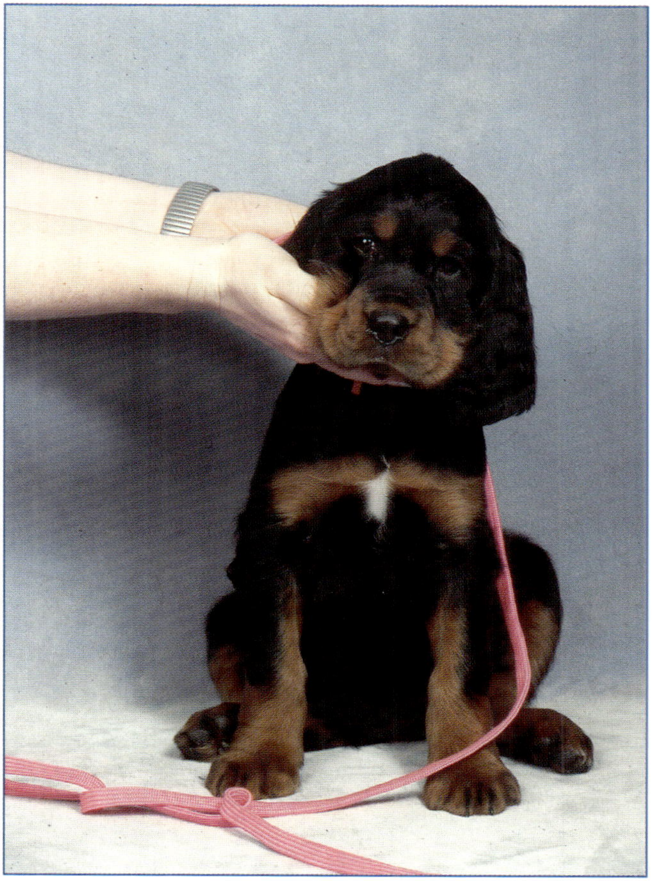

Kommandos aber nur ohne Leine wirklich sinnvoll. Suchen Sie sich als Übungsplatz ein möglichst übersichtliches und für Ihren Setter ungefährliches Gelände aus, das möglichst wenig Ablenkung vor allem in Form fremder Hunde bietet. So können Sie sich einer größeren Aufmerksamkeit sicher sein. Aber auch in der eigenen Wohnung oder auf dem eigenen Grundstück können Sie mit dem Üben anfangen und Ihren Hund zum Beispiel zu jeder Mahlzeit rufen, die Belohnung steht dann schon da!

Dem gebräuchlichen Kommando „Komm" stellen Sie den Namen Ihres Setter voran. Der Wortklang ist einladend und freundlich, beinahe lockend. Zur Unterstützung klatschen Sie in die Hände oder auf Ihre Schenkel. Kommt Ihr Hund angelaufen, loben Sie ihn und zeigen Ihre Freude. Kommt Ihr Hund nicht, rufen Sie erneut. Als Unterstützung können Sie sich leicht von ihm entfernen oder in die Hocke gehen. Beide Maßnahmen vergrößern den Abstand zwischen Ihnen zumindest optisch, was Ihren Hund sicher dazu veranlasst zu Ihnen zu kommen. Dabei wiederholen Sie das Kommando und loben Ihren Hund, wenn er bei Ihnen ist. Auch wenn er aus Ihrer Sicht zu spät oder erst nach vielen Wiederholungen auf das Kommando reagiert, muss er von Ihnen belohnt werden, denn er hat kein Verständnis für Ihre Interpretation „das war aber sehr spät". In einer Bestrafung sieht er nur den Zusammenhang zu seinem Erscheinen und wird es als eine negative Erfahrung bewerten, auf dieses Kommando zu Ihnen zu kommen.

Vermeiden Sie beim Üben auf jeden Fall jede Art von Jagdsituation, indem Sie Ihrem Hund hinterherlaufen, wenn er nicht auf Ihr Kommando reagiert. Dieses Fangen-Spiel macht Ihrem Hund außerordentlich viel Spaß und er wird wohl eine ganze Weile lang der Sieger bleiben.

Das Auslassen

Nicht alles,was Ihr Setter in sein Maul nimmt, gehört auch dort hinein. Gerade Welpen nehmen, wie kleine Kinder, alles ins Maul oder knabbern Dinge an. Dabei kann so einiges auch in den Magen wandern, was dort nichts zu suchen hat, und im schlimmsten Fall eine ernsthafte Gefahr für die Gesundheit bedeuten. Das Kommando zum Auslassen ist ein kurzes und strenges „Aus", angeführt vom Namen Ihres Hundes, um dessen Aufmerksamkeit zu erlangen. Sie müssen Ihrem Welpen dieses Kommando schnell beibringen, denn es ist sehr wichtig, dass er nichts frisst, was er nicht fressen darf und was ihm schaden kann. Er muss den Befehl möglichst noch vor der ersten Auslasssituation kennen und befolgen können.

Sie üben diesen Befehl mit Ihrem Hund am besten mit einem Spielzeug oder Kauknochen. Sagen Sie das Kommando und ziehen dann ganz leicht an dem Gegenstand in seinem Fang. Das machen Sie solange, bis Ihr Hund den Gegenstand freigibt. Ein dickes Loben folgt und, wenn Sie wollen, ein kleines Leckerli oder die Rückgabe des Übungsgegenstandes – das stärkt sein Vertrauen in Sie. Die Umsetzung der Theorie ist bei diesem Kommando oftmals etwas schwierig, da der Hund ganz natürlich seinen Besitz verteidigen will und nicht unbedingt kooperativ auf das Anfassen und Herausziehen eines Gegenstandes aus seinem Fang reagiert. Hier ist Ihr Fingerspitzengefühl für die Situation gefragt, das Ganze genau nicht in ein Gerangel eskalieren zu lassen. Ein energisches „Nein“ kann von Ihnen angebracht werden, wenn der Hund es zu toll zu treiben anfängt. Doch auch dieses Kommando wird Ihr Setter nach einer Weile verstehen und er lässt dann auf Befehl aus, was immer er gerade im Fang hat.

Das „Sitz“

Das „Sitz“ ist ein recht einfach zu vermittelndes Kommando, das kurz und betont erteilt wird. Sie nennen zunächst den Namen Ihres Hundes, dann ein kurzes und bestimmtes „Sitz“. Eine geeignete Möglichkeit, dieses Kommando zu üben, ist vor einer Mahlzeit oder der Vergabe eines Leckerlis. Nehmen Sie hier das Leckerli oder den Fressnapf in die Hände und stellen sich vor Ihren Hund. Wahrscheinlich wird er unruhig sein und auf das Fressen warten. Erteilen Sie jetzt das Kommando und belohnen Sie Ihren Schützling, nachdem er sich setzt. Wahrscheinlich setzt sich Ihr Setter von ganz alleine hin, denn dies ist eine höchst natürliche Position für den Hund. Auf Dauer ist das „Sitz“ sicher eines der häufigsten Kommandos und Ihr Hund muss lernen, es schnell zu befolgen. Es genügt am Anfang sicher nicht, den Befehl nur bei den paar Mahlzeiten am Tag zu üben, auch muss der Hund nicht immer mit einem Leckerli belohnt werden, er wird sich über Ihr Lob und Ihre Freude mitfreuen können. Reagiert Ihr Hund anfangs nicht auf das Kommando, versteht er es vielleicht nicht. Halten Sie ein Leckerli hoch, so dass er sich automatisch vor Sie setzt. Auch wenn er nur mit dieser kleinen Hilfe zum Sitzen kommt, wird er von Ihnen wieder ausgiebig gelobt. Der Hund darf seine Position erst aufgeben, wenn Sie ihm dies

Das „Sitz“ ist eines der ersten Kommandos, die Ihr Hund beherrschen wird. Sie können es ihm recht leicht beibringen. Lassen Sie ihn zunächst besser angeleint. Foto: I. Francais

Das „Platz" ist genau wie das „Sitz" recht einfach zu trainieren. Ihr Hund muss sich dazu aber sicher und wohl fühlen, denn mit dem Platz nimmt er eine für ihn unsichere Position ein, aus der er nicht schnell bei Gefahr fliehen kann. Foto: S. Hintzen

erlauben, was Sie durch ein strenges „Bleib" unterstützen können.
Sollten Sie Ihren Setter an der Leine führen, bedenken Sie, dass er nicht aus vollem Lauf sofort auf Ihr Kommando reagieren kann. Verlangsamen Sie deshalb Ihr Tempo, bevor Sie das Kommando geben. Gegebenenfalls üben Sie mit der Hand, auf deren Seite Ihr Hund gerade läuft, einen leichten Druck auf sein Hinterteil aus, ohne dass Sie sich jedoch über ihn beugen, was er als bedrohlich empfindet und ängstlich reagieren wird. Sollte Ihr Setter den Befehl verweigern, quittieren Sie jedes andere als das gewünschte Verhalten mit einem strengen „Nein".

Das „Platz"

Von der Qualität her ist das „Platz" dem „Sitz" sehr ähnlich und kann auch sehr ähnlich geübt werden. Warten Sie zunächst ab, bis Ihr Hund das Sitz beherrscht. Der Schritt ist dann nicht mehr weit, denn sitzt Ihr Setter erst einmal, können Sie nach dem Kommando „Platz" ein Leckerli tiefer vor ihn halten, so dass er sich von selbst in eine liegende Haltung begibt. Hat er diese eingenommen, loben Sie ihn. Auch für das „Platz" gilt, dass Ihr Hund seine Position erst aufgeben darf, wenn Sie ihm dies erlauben, was Sie ebenfalls durch ein bestimmtes „Bleib" unterstützen können. Um das Verweilen in der eingenommenen Position zu unterstützen, können Sie beim Belobigen einen leichten Druck auf seinen Rücken ausüben, so dass Ihr Hund gar nicht aufstehen kann. Später reagiert Ihr Hund sicher allein auf das Kommando „Platz“, ohne dass Sie den Umweg über das „Sitz“ gehen müssen. Ein sinnloses Unterfangen wäre es allerdings zu versuchen, den Hund aus dem Stand durch Druck auf den Rücken sofort in die Platz-Position zu bringen. Selbst ein Welpe ist stark genug, Ihrem Drücken zu wiederstehen, und Verletzungen der noch schwachen Wirbelsäule dürfen Sie nicht riskieren.

Führen Sie Ihren Hund an der Leine, geben Sie auch das Kommando „Platz“ erst, nachdem Sie den Schritt verlangsamt haben und fast zum Stehen gekommen sind. Geben Sie das Kommando im vollen Lauf, braucht Ihr Hund zu lange, um es umzusetzen; bleiben Sie erst stehen, bevor Sie das Kommando geben, wird Ihr Hund noch ein paar Schritte weiterlaufen und unweigerlich nicht neben, sondern vor Ihnen zum Sitzen oder Liegen kommen. Als Folge dreht er sich nach Ihnen um und kommt vielleicht sogar zurückgelaufen.

Das Betteln

Eine eher lästige und unschöne Angewohnheit, die Ihrem Setter auch nur schwer abzugewöhnen ist, ist das Betteln. Gerade am Tisch und wenn Gäste da sind, kann ein bettelnder Hund nicht nur sehr anstrengend werden, eine nasse Hundeschnauze auf dem Esstisch ist zudem nicht sehr appetitlich. Das Betteln ist eine Angewohnheit, die Sie am besten gar nicht erst entstehen lassen. Hierzu ist lediglich Ihre Konsequenz notwendig, denn Sie können Ihrem Setter nicht alles erlauben und jeden Wunsch erfüllen. Nur wenn Sie von der ersten Minute an konsequent sein Betteln ignorieren und wenn notwendig mit einem bestimmten „Nein“ unterbinden, werden Sie später einen Hund besitzen, der auch beim leckersten Schnitzel auf Ihrem Teller brav zu Ihren Füßen liegt.

Ihr Missfallen deutlich machen

Ein heikles Thema in der Erziehung, und sicher nicht nur in der von Hunden, ist die richtige Art der Bestrafung. Ihrem Setter zeigen Sie Ihr Missfallen seines Tuns am besten mit einer eindeutigen Geste und einem strengen, bestimmten Tonfall. Die gebräuchlichen Kommandos sind „Pfui“ oder „Nein“. Eine Bestrafung in Form von Schlägen ist sicher nicht der richtige Weg und zeigt nur die Charakterschwäche des Halters. Ihr Hund muss Sie als seinen Herrn respektieren und auf Sie hören. Wenn er merkt, dass Sie mit ihm unzufrieden sind und Sie ihm dies durch Ihre Ermahnung zeigen, ist dies für ihn Strafe genug.

Sie können das Fehlverhalten Ihres Hundes nur im direkten zeitlichen Zusammenhang mit seiner Missetat bestrafen. Bei einer späteren Ermahnung wird er den Zusammenhang mit seinem Fehlverhalten selbst nicht mehr herstellen können. Das Beispiel des streunenden Hundes macht diese für Sie missliche Situation sehr deutlich. Wenn Ihr Setter einmal ausreißt und erst nach Stunden nach Hause zurückkehrt, so dürfen Sie ihn nicht für sein Fortgehen bestrafen, sondern im Gegenteil, Sie loben ihn für seine

Rückkehr. Eine Bestrafung zu diesem Zeitpunkt sieht er im Zusammenhang mit seiner Rückkehr, nicht mit seinem Verschwinden. Würde er in diesem Moment bestraft, bliebe er das nächste Mal aus Angst vor der Bestrafung länger weg oder käme gar nicht wieder. Eine Ermahnung ist nur zu dem Zeitpunkt sinnvoll, in dem Ihr Hund streunen gehen will. Dies gilt für alle Fälle, in denen Sie ein Fehlverhalten erst später bemerken.

Die weitere Ausbildung des Setters

Ab einem Alter von einem Jahr können Sie mit Ihrem Setter neben der Grundausbildung auch an weiterführenden Kursen teilnehmen. Neben der Begleithundeprüfung, die ab einem Alter von einem Jahr abgelegt werden kann, eignet sich der Setter auch für jede andere Art von Hundesport, auch Ausdauer-Sportarten. Für die Schutzhundprüfung sind die Rassen nicht zu empfehlen.
Viele Setter werden auch heute noch jagdlich geführt, die breite Masse lebt allerdings als reiner Familienhund. Auch für diese Setter und ihre Halter ist es möglich an jagdlichen Prüfungen und Kursen teilzunehmen. Erkundigen Sie sich hierzu am besten bei einem der angegebenen Vereine.

Grundregeln zur Erziehung

Konsequenz
Was dem Hund von einem Familienmitglied verboten wird, muss automatisch auch bei allen anderen Familienmitgliedern verboten sein.

Kommandos (Hörzeichen)
Alle Kommandos (ausgenommen das „Komm") sind kurze und energisch gesprochene Befehle, keine Bitten. Es muss dem Hund möglich sein, die unterschiedlichen Kommandos anhand verschiedener Stimmlagen zu unterscheiden, weshalb jede Übung ihr eigenes Kommando hat. Verwenden Sie also niemals ein Kommando für zwei unterschiedliche Übungen, denn das bringt den Hund völlig durcheinander.
Gewöhnen Sie Ihren Hund nicht daran, erst auf das dritte oder vierte Kommando zu hören. Nach dem ersten nicht befolgten Befehl erfolgt sofort die unmittelbare Einwirkung und die Wiederholung der Übung bis zur richtigen Ausführung. Der Hund wird schnell begreifen, dass er sich den Tadel (negativer Reiz) erspart, wenn er gleich beim ersten Kommando Folge leistet und gelobt wird (positiver Reiz). Beenden Sie eine Übungslektion stets mit einem Kommando, das der Hund gut ausführt und somit ein Lob bekommt.

Der alte Spruch „Vorsicht ist besser als Nachsicht“ ist besonders beim Thema Gesundheit aktuell und schon beinahe eine Grundweisheit. Viele Gesundheitsprobleme Ihres Setter sind vermeidbar, wenn Sie sich genau darüber infor- mieren, wo die Gefahren für Ihren Hund liegen und wie Sie sie möglichst gering halten oder gar ausschließen können. Hierzu gehören die unterschiedlichsten Kapitel der Hundehaltung. Eine verantwortungsbewusste Gesundheitsvorsorge umfasst neben einer artgerechten Haltung und einem artgerechten Umgang mit Ihrem Setter ganz entscheidend die Punkte Ernährung und Krankheitsvorsorge, wie sie in diesem Kapitel beschrieben wird.

Ganz trennen lassen sich die einzelnen Faktoren nicht, denn zu einer umfassenden Krankheitsvorsorge gehört eine gesunde Ernährung und auch eine solide Erziehung, die Ihrem Setter gezeigt hat, welchen Gefahren er sich nicht aussetzen darf. Da diese beiden Teilbereiche der Hundehaltung schon ausführlich besprochen wurden, setzen wir uns nun mit der eher medizinischen Seite der Vorsorge auseinander. In diesem Kapitel werden Themen wie Impfungen und Besonderheiten der einzelnen Lebensabschnitte angesprochen. Auf die Zucht soll nur ganz kurz eingegangen werden. Dabei steht die Gesundheit der Nachkommen stärker im Vordergrund als der Rassestandard. Das soll nicht heißen, dass Rassezucht und Gesundheit nicht Hand in Hand gehen können. Bei den Settern ist dies inzwischen ganz klar der Fall und die Hunde werden auf Gesundheit und Aussehen hin gezüchtet. Dennoch zeigt die Geschichte der Rassehundezucht, dass auch der Setter von verantwortungslosen Züchtern „produziert“ und nicht gezüchtet wurde. Die Folgen für die gesamte Zucht sind oft erst nach Generationen völlig überwunden.

Denken Sie dran!

Der beste Schutz vor Unfällen ist die Vorsorge und Vermeidung gefährlicher Situationen. Je jünger Ihr Hund ist, desto unerfahrener ist er auch. Wie ein kleines Kind muss er erst noch lernen, mit Gefahren richtig umzugehen. Zeigen Sie ihm, was gefährlich für ihn ist und seien Sie besonders in Gebieten aufmerksam, die auch Ihnen noch unbekannt sind.

Zucht und Auswahl der Elternhunde

Wer züchten möchte, muss sich darüber im Klaren sein, dass die Aufzucht der Welpen anstrengend und eine Vollzeitbeschäftigung ist. Mit der Zucht lässt sich unter günstigen Umständen etwas Geld verdienen, aber das Risiko unkalkulierbarer Tierarztkosten im Krankheitsfall macht die Zucht nicht zu einem lukrativen Geschäft, sondern vielmehr zu einer Passion begeisterter Hundeliebhaber. Abgesehen von allen Auflagen, die Ihnen Ihr Rassehundeverein vor der Belegung sowohl Ihrer Hündin als auch dem Deckrüden macht, müssen Sie sich über

Überlegen Sie es sich genau, ob Sie mit Ihrem Hund züchten wollen. Neben der gewissenhaften Auswahl des Zuchtpartners stehen Ihnen auch viele Mühen – natürlich auch viele Freuden – bei der Aufzucht der Welpen ins Haus. Fotos: S. Hintzen

die Gesundheit Ihrer Setter informieren und die Hunde von einem Tierarzt gründlich untersuchen lassen.

Zur medizinischen Vorsorge gehört neben der Untersuchung auf Erbkrankheiten und auf eine bestehende HD oder ED auch der ausreichende Impfschutz und eine wiederholte Entwurmung der Elterntiere. Bei Settern sollte ferner ein besonderes Augenmerk auf angeborene Augenleiden gerichtet werden. Gerade die Hündin muss sich in einem gesundheitlich einwandfreien Zustand befinden, um den Strapazen der Geburt und der Aufzucht gewachsen zu sein. Die richtige und verantwortungsbewusste Auswahl der Eltern ist der entscheidende Grundstein nicht nur für Ihre eigenen Welpen, sondern auch insgesamt für das Fortbestehen einer gesunden Rasse. Dafür tragen alleine Sie und der Verein mit seiner Zuchtüberwachung die Verantwortung. Doch nur soviel an dieser Stelle zur Zucht, die nicht Hauptthema dieses Buches ist. Erkundigen Sie sich hierzu am besten bei erfahrenen Züchtern und Tierärzten nach den möglichen Komplikationen und dem normalen Ablauf einer Schwangerschaft. An dieser Stelle soll mit der Besprechung der Gesundheitsvorsorge begonnen werden.

Allgemeine Vorsichtsmaßnahmen

Der einfachste und zugleich effektivste Rat zur Gesundheitsvorsorge ist in meinen Augen: Beobachten Sie Ihren Hund und fragen Sie sich bei auftretenden Verhaltensänderungen und äußerlich erkennbaren Veränderungen, woran diese liegen könnten. Das müssen gar keine großen Wesensänderungen oder deutlich sichtbare Ekzeme oder Ausflüsse sein, das können ganz subtil verlaufende Erscheinungen sein, die Sie aber von Anfang an nicht zur Seite schieben und vernachlässigen dürfen. Lieber gehen Sie der Sache einmal zu oft nach, als vielleicht den Beginn einer Krankheit zu überspielen, die dann in einigen Fällen nicht oder nur sehr viel aufwendiger und somit auch kostenintensiver behandelt werden kann. Doch halten wir uns nicht an den Kosten auf, denn für Sie als verantwortungsbewussten Hundehalter sollte die Gesundheit Ihres Setters das Maß der Dinge sein, nicht die zu Höhe der zu erwartenden Arztrechnung.

Neben den Veränderungen an Ihrem Setter spielen noch andere Faktoren in eine direkte Vorsorge mit hinein. Dazu zählt ganz entscheidend Ihre Aufmerksamkeit und Ihr Gespür für gefährliche Situationen. Obwohl unseren Settern schon von der Natur bestimmte Instinkte zur Gefahrenvermeidung mit in die Wiege gelegt werden, kennen sie kein Stadtleben, keine Autos, keine Elektrizität oder andere, künstliche Gefahrenquellen. Hier ist es eindeutig an Ihnen, diese Gefahren für Ihren Setter zu minimieren und fahrlässige Situationen zu vermeiden. Achten Sie auch darauf, was Ihr Hund in die Schnauze nimmt, was er frisst, woran er riecht, womit er gerne spielt. Viele Dinge, die bei Ihnen in der Wohnung, im Haus oder im Garten herumliegen, sind für Sie keine Gefahr, können aber von Ihrem Setter verschluckt werden, ihm die Luft abschnüren oder im Magen-Darm-Trakt zu ernsthaften Problemen führen. Ebenso gefährlich für Ihren Hund sind die meisten Süßigkeiten und chemischen Mittel. Sie sind meist schwer krank machend oder gar tödlich, nur weiß der Hund dies nicht. Achten Sie deshalb sehr genau darauf, was Sie wo herumliegen lassen und ob es für Ihren Hund erreichbar ist, wenn er denn unbedingt will.

Gerade Welpen knabbern gerne an allen möglichen Dingen herum und Stromkabel sind da eine echte Gefahr. Im Kapitel „Erste Hilfe“ finden Sie einige Anregungen, wie Sie diesen Gefahren begegnen können.

Neben den Vorkehrungen, die Sie im häuslichen Umfeld Ihres Setters treffen können, sind Vorkehrungen aus medizini-

Regelmäßige Grunduntersuchung ein- bis zweimal jährliche, die jährlichen Auffrischimpfungen und regelmäßige Wurmkuren sind das Erfolgsrezept für ein langes, gesundes und zufriedenes Hundeleben.
Foto: S. Hintzen

scher Sicht nicht nur empfehlenswert, sie sind ein absolutes Muss. Gemeint sind hiermit nicht die Gefahren, die von unserer technischen Zivilisation ausgehen, sondern Krankheitserreger aller Art. Neben Impfungen gegen die häufigsten Infektionskrankheiten, auf die noch detailliert eingehen wird, gehört hierzu auch das Wissen darum, wo die Krankheitserreger lauern und wie sich Ihr Hund anstecken kann. In Ihrem eigenen Interesse und in dem aller Hundehalter isolieren Sie Ihren infizierten Hund genauso, wie Sie es von anderen Hundehaltern erwarten. Achten Sie bei Ihnen unbekannten Hunden auf deren Äußeres und vermeiden Sie den Kontakt zu Ihrem Hund, wenn Sie offensichtliche Anzeichen der Verwahrlosung oder Krankheit erkennen.

Da Sie im Kapitel „Infektionen und Parasitosen" genau erfahren können, wie die Infektionsketten der einzelnen Krankheiten verlaufen, möchte ich dies an dieser Stelle übergehen und näher auf den Sinn und die Praxis der üblichen Schutzimpfungen eingehen.

Impfungen

Es existieren heutzutage gegen einige der gefährlichsten Infektionskrankheiten gute Impfstoffe, die Ihren Hund meist völlig von den pathologischen – also krankmachenden – Folgen einer Infektion bewahren. Auch wenn nicht immer ein absoluter Impfschutz garantiert ist, ist der Krankheitsverlauf eines geimpften Setters immer leichter als der eines völlig ungeschützten Hundes.

Impfschema der Grundimmunisierung

Zeitpunkt	Impfung gegen	Kommentar
6. Woche	Parvovirose Staupe	Vorgezogen bei erhöhtem Infektionsrisiko
8. Woche	Parvovirose Staupe Hepatitis c.c. Leptospirose Zwingerhusten (Virushusten)	wenn nicht bereits in der sechsten Woche generell möglich, empfohlen, wenn Hund zu Risikogruppe gehört
10. Woche	Parvovirose	Auffrischung, wenn bereits in der sechsten Woche das erste Mal geimpft wurde
12. Woche	Parvovirose Staupe Hepatitis c.c. Leptospirose Zwingerhusten (Virushusten)	Auffrischung, wenn bereits in der achten Woche das erste Mal geimpft wurde Auffrischung, wenn bereits in der achten Woche das erste Mal geimpft wurde
ab 12. Woche	Tollwut	
jährlich	Parvovirose Leptospirose Tollwut Zwingerhusten Staupe Hepatitis c.c.	Auffrischung

Eine Impfung, und das ist wichtig zu verstehen, schützt nicht vor der eigentlichen Infektion, denn sie hindert die Krankheitserreger nicht, in den Körper einzudringen. Eine Impfung bereitet das Immunsystem des Geimpften nur auf den Erreger und seine Bekämpfung vor. In den Gedächtniszellen des Immunsystems sind nach der erfolgten Impfung nebst Auffrischung Antiköper gespeichert, die den jeweiligen Eindringling spezifisch bekämpfen können. Dazu

Worauf warten diese Gordon Setter wohl? Sicher erwarten Sie ein Kommando von ihrem Halter oder er steht schon mit einer Belohnung für sie bereit. Foto: I. Francais

muss der Erreger aber erst einmal in den Körper des Hundes gelangen. Die eigentliche Krankheit mit all ihren unangenehmen, im schlimmsten Fall tödlichen Wirkungen und Symptomen ist also nicht das Eindringen in den Körper, sondern die unkontrollierte Vermehrung der Erreger darin. Genau hier setzt das Immunsystem an, denn egal ob geimpft wurde oder nicht, bekämpft es die Erre-

ger. Die Krankheit bricht nur dann aus und endet vielleicht sogar tödlich wenn das Immunsystem die Vermehrung der Erreger nicht stoppen kann. Der große und entscheidende Vorteil der Impfung liegt demnach darin, dass das Immunsystem bei Infektionskrankheiten, gegen die der Hund bereits einen vollständigen Impfschutz erworben hat, weiß, wie der Erreger zu bekämpfen ist. Die Antikörper, die durch die Impfung erworben wurden und die in den Gedächtniszellen gespeichert sind, können fast ohne Zeitverlust bereitgestellt und in vielfacher Kopie angefertigt werden. Dem Erreger bleibt weniger Zeit, sich in ausreichender und nicht mehr kontrollierbarer Menge zu vermehren.

Impfungen müssen in regelmäßigen Abständen wiederholt werden. Das vorstehende Impfschema fasst die empfohlenen Impfungen zusammen und gibt gleichzeitig den optimalen Zeitpunkt an. Etwas detaillierter werden die Impfungen in den jeweiligen Kapiteln über die Lebensabschnitte besprochen, in denen zu ihnen geraten wird.

Denken Sie dran!

Das Immunsystem der neugeborenen Welpen ist noch sehr schwach. Erste Antikörper erhalten die Welpen mit der Muttermilch, die Impfungen werden erst in der achten Woche durchgeführt. In dieser Phase achten Sie besonders darauf, womit sich Ihr Hund beschäftigt, um mögliche Infektionen zu vermeiden.

Wurmkuren

In regelmäßigen Abständen, mindestens halbjährlich, müssen Sie bei Ihrem Setter eine Wurmkur durchführen. Beim

Tierarzt erhalten Sie Präparate, die gegen mehrere Wurmparasiten gleichzeitig wirken und einfach zu handhaben sind. Neben den routinemäßigen Kuren werden Sie diese natürlich auch bei jedem Befall mit Band-, Peitschen-, Haken- oder Rundwürmern sofort durchführen. Ebenso ist eine Wurmkur vor jeder Trächtigkeit und nach dem Werfen sowohl bei der Mutter als auch bei den Welpen notwendig, auch wenn diese zum Zeitpunkt der Befruchtung wurmfrei war. Die Larven einiger Wurmparasiten haben die Angewohnheit, verkapselt in der Muskulatur Dauerstadien zu bilden, die auf Grund der veränderten Hormonzusammensetzung während der Schwangerschaft freigesetzt werden. Näheres hierzu finden Sie im Kapitel „Infektionen und Parasitosen".

Nach diesen allgemeineren Informationen sehen wir uns nun die einzelnen Lebensabschnitte der Setter genauer an und Sie werden erfahren, was Sie von den ersten Wochen bis zu den letzten Tagen Ihres Vierbeiners zu beachten haben.

Im Alter bis acht Wochen

Nach überstandener Geburt müssen sich die frisch geborenen Welpen und die Mutter erst einmal erholen und benötigen Ruhe. So sehr Ihre Hilfe während der Geburt gebraucht wurde, so sehr hilft den Hunden nun eine Pause zum Entspannen und Kräftesammeln. Achten Sie in den folgenden Tagen sehr genau auf das Verhalten der Welpen und der Mutter. Gerade zu Anfang nehmen die Welpen stark an Gewicht zu und fühlen sich rund und wohlgenährt an. Bei besonders großen Würfen kann es sein, dass die Mutter nicht genügend Milch produziert. Natürlicherweise weisen dann nicht alle Welpen einen geringeren Gewichtszuwachs auf, sondern einige würden ganz auf der Strecke bleiben, wohingegen die stärkeren Welpen gut im Futter stehen. In solch einem Fall sollten Sie zunächst versuchen, der Hündin durch hochwertiges und reichliches Futter zu einer höheren Milchproduktion zu verhelfen. Auch können Sie die Welpen in kleinen Gruppen von Hand an die Zitzen setzen, um so die Milchaufnahme der einzelnen Welpen besser kontrollieren zu können. Ferner beobachten Sie, ob die vorhandene Muttermilch auch wirklich von den Kleinen ausgetrunken wird. Erst wenn alle diese Bemühungen nicht fruchten, sollten Sie helfend einspringen und die Kleinen per Hand aufziehen. Geeignete Welpenmilch bietet Ihr Tierarzt oder der Fachhandel an.

Bleiben alle Welpen im Wachstum zurück und wirken unterernährt, hat die Mutter wahrscheinlich ernsthaftere Probleme mit der Milchproduktion oder leidet an einer Entzündung der Milchdrüsen. Fragen Sie Ihren Tierarzt um Rat, der die eindeutige Diagnose stellen kann. Im Krankheitsfall müssen Sie die Welpen von Hand aufziehen. Wichtig ist, dass die Welpen innerhalb der ersten 24 Stunden mit dem Saugen beginnen. Hierbei nehmen Sie neben den wichtigen Nährstoffen auch von der Mutter gebildete Antikörper auf und stärken so ihr eigenes, noch schwaches Immunsystem.

Leider enthält die Milch nicht nur Gutes, sondern in den meisten Fällen auch Wurmlarven, die während der Schwangerschaft freigesetzt wurden und sich

vermehren konnten. Über 75% der Welpen werden so mit Würmern infiziert und müssen deshalb entwurmt werden, ebenso das Muttertier. Da Sie die erste Tierarztuntersuchung besser nicht zu lange aufschieben, sondern die Jungen schon nach einer Woche routinemäßig untersuchen lassen sollten, kann Ihnen der Tierarzt hierbei gleich ein geeignetes Mittel verschreiben. Züchten Sie das erste Mal, so schreiben viele Vereine eine Untersuchung schon nach der ersten Woche zwingend vor. Die Wurmkuren müssen mehrmals wiederholt werden, bis die Welpen und die Mutter keine Würmer mehr ausscheiden, danach reicht eine etwa jährliche Prophylaxe. Ein starker Wurmbefall kann für Ihre Welpen tödlich enden und gerade Spulwürmer gehen auch auf den Menschen über.
In den ersten acht Wochen werden die Welpen zusehends kräftiger und aktiver. Sie beginnen, ihre Umgebung zu erforschen und werden an allem herumknabbern und das Mögliche ausprobieren. So schön und interessant diese Zeit ist, so viele Gefahren birgt sie auch für die unerfahrenen Welpen – und genau soviele Anstrengungen stehen Ihnen bevor. Die Kleinen sind natürlich nicht stubenrein und anfangs auch gar nicht in der Lage den Bereich um die Mutter zu verlassen, achten Sie hier auf Sauberkeit. Zwar wird der erste Milchkot noch von der Mutter gefressen, mit Beginn der ersten Zufütterungen aber lässt sie die kleinen Haufen lieber liegen. Das richtige Leben beginnt für die kleinen Setter dann ab der sechsten bis achten Woche. In dieser Zeit müssen die ersten Impfungen erfolgen. Sollten Ihre Welpen schon jetzt Kontakt zu anderen Hunden haben, sind die Impfungen gegen Parvovirose und je nach Anraten des Tierarzts auch gegen Staupe zeitlich etwas vorzuziehen und die erste Immunisierung sollte schon in der sechsten Lebenswoche stattfinden.

Im Alter von acht bis sechzehn Wochen

Spätestens in der achten Lebenswoche muss eine gründliche Untersuchung der Welpen durch den Tierarzt erfolgen. Bei dieser Generaluntersuchung werden die langsam durchbrechenden Zähne auf ihre richtige Stellung kontrolliert, erste Anzeichen von Augenproblemen können sich zeigen, auch wird bei den Rüden kontrolliert, ob auch Hoden korrekt in den Hodensack abgestiegen sind.

Auch wenn Ihr Welpe noch gesund vom Züchter übernommen wurde, vereinbaren Sie innerhalb der ersten zwei Wochen einen Termin beim Tierarzt für eine umfassende Routineuntersuchung.
Foto: I. Francais

Sind die Welpen gesund, werden bei dieser Gelegenheit gleich die notwendigen Schutzimpfungen verabreicht. Sollten die Welpen gegen Parvovirose und gegebenenfalls auch gegen Staupe noch nicht geimpft worden sein, werden diese Impfungen nun zusammen mit denen gegen Hepatitis (H.c.c.) und Leptospirose nachgeholt. Bei gefährdeten Settern wird Ihr Tierarzt zusätzlich zu einer Impfung gegen Zwingerhusten raten. Die Welpen sollten nun mindestens acht Kilo auf die Waage bringen.

Die Erstimmunisierung muss nach vier Wochen aufgefrischt werden und so werden die Welpen in der zwölften Lebenswoche nochmals gegen Parvovirose, Staupe, Hepatitis (H.c.c.) und Leptospirose geimpft. Zugleich werden sie das erste Mal gegen Tollwut geimpft. Wurden die Impfungen gegen Parvovirose und Staupe in die sechste Lebenswoche vorgezogen, so ist auch die Auffrischung gegen diese Erreger um zwei Wochen in die zehnte Lebenswoche vorzuziehen. Der Impfschutz gegen Tollwut wird dann in der sechzehnten Lebenswoche aufgefrischt. Die weiteren Auffrischungen dieser Grundimmunisierung finden nun jährlich statt. Die Einhaltung dieser Auffrischungen ist sehr wichtig für die Kontinuität des Impfschutzes und darf von Ihnen nicht vergessen werden. Manche Tierärzte bieten Ihnen an, Sie an die fälligen Auffrischimpfungen zu erinnern. Gerade die Tollwutauffrischung kann Ihrem Hund das Leben retten. Die gesetzlichen Bestimmungen in Deutschland schreiben die Tötung eines Hundes vor, dessen letzte Auffrischung länger als 365 Tage her ist, wenn er von einem tollwutverdächtigen Tier verletzt wurde. Dabei ist es egal, ob die Tollwut nachweislich übertragen wurde oder nicht! Schützen Sie sich und Ihren Setter vor dieser grausamen Situation, indem Sie regelmäßig bei Ihrem Tierarzt vorbeischauen.

Neben diesen medizinischen Maßnahmen, mit denen Sie den Grundstein für eine gesunde Zukunft Ihrer Welpen legen, ist der Zeitraum zwischen der achten und zwölften Lebenswoche aber noch durch eine andere, für das spätere Verhalten Ihrer Setter maßgebliche Phase bestimmt, die als Sozialisationsphase bezeichnet wird. In ihr lernen die Welpen im weitesten Sinne soziales Verhalten. Das bedeutet für Sie, Ihren Setter in möglichst viele neue Situationen zu bringen, in denen er den Umgang mit Geräuschen, anderen Tieren – nicht nur Hunden – und anderen Menschen kennenlernen kann. Ab der achten Woche beginnt die Selbstständigkeit der Welpen. Sie lösen sich von der Mutter und machen ihre eigenen Erfahrungen. Es ist der Zeitpunkt, ab dem die Welpen verkauft werden dürfen. Die Welpen sind in dieser Lebensphase sehr abenteuerlustig und verspielt, aber auch sehr lernbegierig. Beginnen Sie mit der Erziehung der Welpen so schnell es geht, aber überfordern Sie die Kleinen nicht und seien Sie nachsichtig, wenn das Spielen und Entdecken momentan die Lust am Üben übersteigt. Erstes Ziel Ihrer Erziehung wird neben den Grundbefehlen des Auslassens, Sitz oder Platz die Stubenreinheit sein. Da die Grundimmunisierung bis zur zwölften Woche noch nicht abgeschlossen ist, müssen Sie bis dahin verstärkt auf den Umgang der

Welpen achten. In keinem Fall aber dürfen Sie die Welpen bis dahin isolieren. Auch wenn die ersten Wochen im neuen Zuhause aufregend sind und es unendlich viel Neues zu entdecken gibt ist auch der Umgang mit fremden Menschen wichtig, um später einen offenen, freundlichen Setter zu besitzen. Machen Sie Ihren Hund jetzt mit den anderen Haustieren bekannt. Sollten Sie die Anschaffung eines weiteren Haustieres planen, können Sie schon jetzt ein Zusammentreffen organisieren.

Vielleicht besitzt einer Ihrer Bekannten eine Katze, die Sie Ihrem Welpen schon jetzt einmal zeigen können. Es ist für den Welpen auch an der Zeit, die Welt des Menschen weiter zu erkunden. Alltägliche Situationen, wie der Straßenverkehr, Auto fahren oder die öffentlichen Verkehrsmittel sind Dinge, an die sich der Kleine so schnell wie möglich gewöhnen sollte. Sie können ab der zwölften Woche auch beruhigt den einen oder anderen etwas längeren Spaziergang im Wald riskieren und auch das Zusammensein mit unbekannten Hunden ist nun, nach Erreichen der vollen Grundimmunisierung, kein größeres Wagnis mehr. Achten Sie weiterhin darauf, mit welchen Hunden Ihr Setter spielt, woran er schnüffelt und was er ins Maul nimmt. Auch wenn die Grundimmunisierung abgeschlossen ist, gibt es immer noch genügend andere Krankheitskeime, mit denen sich Ihr Welpe infizieren kann. Das Immunsystem ist noch nicht so weit wie bei einem erwachsenen Hund und auch leichtere Infektionen können so problematischere Krankheitsverläufe nach sich ziehen.

Eine ganz andere Sorge kommt mit den ersten Ausflügen auf Sie zu: Ihr Hund könnte davonlaufen oder sich ganz einfach verirren. Dahinter muss keine böse Absicht oder der Wille nach Freiheit stehen, im Spiel mit anderen Hunden oder beim Erkunden unwegsamen Geländes ist dies manchmal schneller geschehen als gedacht. Erste Maßnahme ist natürlich auch hier die Vorsicht und ein stän-

Lassen Sie Ihre Welpen nur in einem umzäunten, sicheren Bereich von der Leine.
Foto: I. Francais

dig waches Auge. Sie müssen vor den ersten Ausflügen Ihren Hund genauso kennen wie er Sie. Auf Zuruf muss er zu Ihnen kommen, ansonsten sollten Sie ihn an unwegsameren, unübersichtlichen Stellen auf Ihrem Spaziergang lieber an die Leine nehmen. Leider lässt sich nicht jeder Unglücksfall im Vorhinein ausschließen und so müssen Sie weitere Vorsichtsmaßnahmen für den Fall treffen, dass Ihr Setter verlorengeht.
Traditionell ist die einfachste Vorsorge das Halsband mit der Steuermarke, am besten zusätzlich noch mit der Anschrift und Telefonnummer der Besitzer. Achten Sie aber darauf, dass das Halsband nicht zu eng sitzt, wenn der Hund damit frei im Gelände herumläuft. Er muss sich, sollte er mit dem Band an Gestrüpp oder Ästen hängenbleiben, selbst daraus befreien können, um nicht Gefahr zu laufen, sich zu strangulieren. Eine Identifizierung nach dem Abstreifen des Halsbandes ist dann meist nur noch durch den Besitzer selbst möglich.
Es gibt schon seit längerer Zeit die Möglichkeit, Hunden eine Erkennungsnummer tätowieren zu lassen, die sich meistens an der Innenseite des Ohrs befindet. Mit einer kleinen, lokalen Betäubung ist dieser Eingriff für die Welpen schmerzfrei. Teilweise wird die Tätowierung schon von den Züchtern vor der Abgabe der Welpen an die neuen Besitzer veranlasst. Die Nummer ist beim Zuchtbuchamt registriert, eine zentrale Registrierung ist Sache des Halters. Wird ein Hund in ein Tierheim gebracht, kann bei zentraler Registrierung schnell der Besitzer identifiziert und benachrichtigt werden. Achten Sie immer auf die gute Lesbarkeit der Nummer, die im Lauf der Zeit naturgemäß nachlässt und aufgefrischt werden muss.
Seit einiger Zeit verbreitet ist die Implantation eines Mikrochips unter die Haut, meist in der Region einer Halsseite. Der Chip ist etwa reiskorngroß und wird ohne Betäubung direkt unter die Haut verpflanzt. Mit einem entsprechenden Lesegerät kann so der Halter identifiziert werden. Da der Eingriff von außen nicht sichtbar ist, sollte der Hund in diesem Fall einen Verweis tragen, dass ein Mikrochip implantiert ist.
Sollte Ihr Setter einmal verloren gehen, informieren Sie Nachbarn und Tierheime in der Nähe des Unglücksorts, dies erhöht Ihre Chancen, Ihren Hund schnell wiederzubekommen.

Denken Sie dran!
Zahnsteinbildung kann zum Problem werden, wenn sich das umliegende Zahnfleisch entzündet. Um der Bildung entgegen zu wirken, geben Sie Ihrem Hund regelmäßig Kauknochen. Vorhandenen Zahnstein lassen Sie vom Tierarzt entfernen.

Im Alter von vier bis zwölf Monaten

Im Alter von vier Monaten hat der Welpe alle Impfungen hinter sich und ist somit rundum geschützt. Weitere Untersuchungen auf HD und ED sind nun zuverlässiger und sollten im Alter ab zwölf Monaten durchgeführt werden.

Gewöhnen Sie schon Ihren Welpen an die häufigsten Pflegeroutinen wie das Zähneputzen, Ohrenreinigen, Bürsten und Krallenschneiden, dann wird er es als erwachsener Hund als eine Selbstverständlichkeit akzeptieren. Foto: S. Hintzen

Mit Vollendung des sechsten Lebensmonats hat Ihr Setter seine Milchzähne verloren und die bleibenden Zähne sind an ihre Stelle getreten. Der Tierarzt wird kontrollieren, ob der Biss stimmig ist und keine Zahnfehlstellung vorliegt. Bei größeren Problemen, die, wenn überhaupt, meist durch die Fangzähne verursacht werden, müssen die fehlstehenden Zähne oft gezogen werden. Dies bereitet den meisten Hunden aber keine größeren Probleme, denn die Jagd entfällt für sie und das Futter ist vorgekocht und zubereitet.

Das Thema Zahnhygiene ist leider eines der am wenigsten beachteten in der Hundehaltung. Gerade Zahnstein führt zu Zahnfleischentzündungen, die erhebliche Gesundheitsbeeinträchtigungen nach sich ziehen. Dabei ist ein ständiger, fauliger Mundgeruch noch das kleinste, wenn auch markanteste Übel. Zahnstein hat verschiedene Ursachen, die nicht zuletzt auch in einer ererbten Prädestination liegen können. Sie haben aber verschiedenste Möglichkeiten, der Zahnsteinbildung entgegen zu wirken und diese zu behandeln. Zum einen kann die krankhafte Bildung von Zahnstein in einer falschen Ernährung schon im Welpenalter begründet liegen. Sorgen Sie dafür, dass Ihr Setter immer etwas zu knabbern bekommt, er kann so seine Zähne reinigen und sein Zahnfleisch stärken, das von der erhöhten Durchblutung profitiert. Spezielle Kauknochen oder andere Kaugegenstände erwerben Sie im Fachhandel oder direkt bei Ihrem

Tierarzt. Sollte die Umstellung und Erweiterung der Ernährung alleine nicht helfen, haben Sie noch die Möglichkeit auf spezielle Zahnreinigungsmittel zurückzugreifen. Genau wie beim Menschen können Sie mit Zahnbürste und Zahnpasta das Gebiss Ihres Setter durch zwei- bis dreimaliges Putzen pro Woche reinigen und beginnende Ablagerungen, die sogenannte Plaque, die zu Zahnstein führt, entfernen. Hat sich Zahnstein gebildet, so kann dieser zu Zahnfleischentzündungen führen, die Zahnfleischschwund und Taschenbildung nach sich ziehen. Eine Behandlung durch den Tierarzt wird hier unvermeidlich. Besser ist es, wenn Sie regelmäßig mit Ihrem Hund zum Tierarzt gehen und den Zahnstein entfernen lassen, wenn Ihr Hund eine solche Veranlagung hat.

Ab einem Alter von sechs Monaten kann eine Kastration vorgenommen werden. Ob dadurch, wie oftmals behauptet wird, das Risiko, an verschiedenen Krebsarten wie Gesäuge-, Gebärmutter- oder Hodenkrebs zu erkranken, sinkt oder ob sich die Chance verringert, Probleme mit der Prostata zu bekommen, ist noch nicht schlüssig bewiesen. Dies sollte auf keinen Fall der alleinige Grund für eine Kastration sein. Diese darf bei Junghunden nur aufgrund einer medizinischen Indikation wie dem Verbleiben der Hoden in der Bauchhöhle vorgenommen werden. Als Nebeneffekte der Kastration treten manchmal Veränderungen des Fells auf, das sich flauschiger, „welpenartig" zeigt. Wesentlich problematischer können die Folgen der Kastration vor Erreichen der Geschlechtsreife in Bezug auf die spätere Entwicklung sein. Gerade Gewichtsprobleme bis hin zur Fettleibigkeit, der durch eine spezielle kalorienarme Kost vorgebeugt werden muss, sollen nicht unerwähnt bleiben.

Im Alter von ein bis sieben Jahren

Eine tierärztliche Grunduntersuchung bietet sich im Alter von zwölf Monaten an. Zeigen sich keine Probleme im Skelettaufbau, so ist mit ihnen jetzt auch nicht mehr zu rechnen. Des weiteren wird der Tierarzt Augen und Ohren einer eingehenden Untersuchung unterziehen, die Organfunktionen prüfen, wobei ein spezielles Augenmerk auf Herz und Lungen gelegt wird, sich den Fang und den Rachenraum ansehen und gegebenenfalls eine weitere Entwurmung und die ersten Auffrischimpfungen veranlassen. Er wird Sie als Halter nach Auffälligkeiten in den ersten zwölf Monaten befragen, um zu einem abschließenden Urteil über den Allgemeinzustand Ihres Setter zu kommen.

Ein schon angesprochenes Thema wird Sie nun die nächsten Jahre begleiten, die Zahnhygiene, auf die Sie wirklich achten müssen. Lassen Sie Zahnstein regelmäßig entfernen und sorgen Sie auch in der Prophylaxe für ausreichende Maßnahmen. Ab einem Alter zwischen zwei und zweieinhalb Jahren gilt Ihr Setter als erwachsen.

Bieten Sie Ihrem Setter soviel Abwechslung wie möglich. Er darf sich nicht langweilen und möchte täglich mehrmals an die frische Luft, zumindest einmal am Tag etwas länger. Überlegen Sie sich gut, ob Sie Nachwuchs aufziehen möchten, und erkundigen Sie sich am besten bei erfahrenen Züchtern nach den Voraussetzungen und der Arbeit, die mit der Hundezucht verbunden ist.

Der ältere Setter

Schon ab einem Alter von acht Jahren tritt Ihr Setter in seinen zweiten Lebensabschnitt. Viele Setter bleiben noch länger sehr aktiv und nicht wenige erreichen ein Alter von über zwölf Jahren. Sie werden aber spätestens bei Ihrem zehnjährigen Setter bemerken, dass sich die anfänglichen Ruhepausen ausdehnen, längere Spaziergänge für den Hund immer anstrengender werden und er mit der Zeit bei normaler Fütterung etwas Speck ansetzt. Es wird Zeit, diesen Alterserscheinungen Tribut zu zollen und sowohl die Ernährung als auch die täglichen Aktivitäten der neuen Situation anzupassen. Die Spaziergänge werden kürzer, aber nicht seltener und das Futter wird auf eine altersgerechte Kost umgestellt. Selbstverständlich werden die medizinischen Untersuchungen im jährlichen Rhythmus beibehalten, wie auch die Auffrischimpfungen und gelegentlichen Wurmkuren. Hier und da besteht die Meinung, dass einem geschwächten Hund eine Impfung schadet, aber genau das Gegenteil ist der Fall. Natürlich wird kein Tierarzt einen kranken Hund durch eine Impfung zusätzlich schwächen, aber hat sich Ihr Setter von der Krankheit erholt, stärkt jede weitere Impfung sein Immunsystem auch gegen andere Erkrankungen. Sie können in regelmäßigen Abständen, praktischerweise gleich bei den Jahresuntersuchungen, weitere medizinische Kontrollen veranlassen. So sollte nun auch das Blutbild untersucht werden, Urinproben ausgewertet und bei verdächtigen Symptomen ein EKG oder eine zusätzliche Röntgenaufnahme gemacht werden. All diese Vorsorgemaßnahmen sind mit Kosten verbunden, helfen aber, Krankheiten früh zu erkennen, schnell zu behandeln und somit heilen zu können. Sie ermöglichen Ihrem Setter so einen zufriedenen und gesunden Lebensabend. Nur dürfen Sie nicht davor zurückschrecken, ihn in aussichtsloser Situation von seinen Qualen zu befreien. Ihre Liebe und Zuneigung zeigen Sie ihm nun, indem Sie ihn bis zum Schluss begleiten. Ihr Setter wird es Ihnen danken und Sie werden sich später keine Vorwürfe machen müssen, nicht alles für ihn getan zu haben.

Haben Sie Ihren Setter sein Leben lang rassegerecht versorgt, wird auch seine zweite Lebenshälfte für ihn erfüllt sein.
Foto: S. Hintzen

Wann ist Ihr Setter krank?

	Gesunder Hund	Kranker Hund
Augen	klar	gerötet, trübe, ständiges Reiben mit den Pfoten
Nase	sauber	Ausfluss, eitrig verklebt
Ohren	sauber	verkrustet, Ausfluss, übler Geruch, ständiges Kratzen oder Kopfschütteln
Fell	sauber, stehend	struppiges Aussehen, Haarausfall eventuell mit Hautekzemen
Schleimhäute	rosafarben	blass rosa bis weißlich oder rot entzündet
Zahnfleisch	rosafarben, gut durchblutet	weißlich, rot entzündet, käsiger, übelriechender Belag
Bewegungsapparat	fließende Bewegungen	Lahmheit, Bewegungsunlust, Schmerzlaute, Schwierigkeiten beim Aufstehen
Verdauung	fester Kot, keine Verschmutzungen des Fells im Analbereich	Durchfall, verschmutzte Analregion, häufiges Erbrechen, anhaltende Verstopfung, keine Kotabgaben, aufgeblähtes Abdomen
Temperatur	normal, 37,5 bis 39 °C	zu hoch, zu niedrig
Verhalten	aufmerksam, aktiv, Futter- und Wasserkonsum normal	apathisch, unkonzentriert, unregelmäßiges Fressen, Futterverweigerung, erhöhtes Trinkbedürfnis, Rastlosigkeit, Winseln, erhöhtes Ruhe- und Schlafbedürfnis

Für Sie als verantwortungsbewussten Hundehalter muss die Gesundheit Ihres Hundes vorrangiges Ziel sein. Hierbei stehen die vorbeugenden Maßnahmen, wie im vorherigen Kapitel beschrieben, eindeutig im Vordergrund. Ist Ihr Setter trotz aller Vorsicht erkrankt, sollten Sie zunächst lernen, wie Sie schnell und problemlos eine erste Diagnose selbst stellen können, um dann entsprechend zu handeln. Da sich Krankheiten oftmals erst durch kleine Vorzeichen, sprich Veränderungen im Verhalten und den grundlegenden Körperfunktionen, ankündigen, bevor sie sich im Organismus ausbreiten, müssen Sie den „Status quo" Ihres Setters kennenlernen.

Die Körpertemperatur

Die Körpertemperatur Ihres Hundes liegt etwas über der von uns Menschen. Als normal gelten Körpertemperaturen zwischen 37,5°C und 39° C. Eine vertrauenswürdige Messung ist nur über den After möglich. Da Ihr Setter diese Prozedur nicht sonderlich gerne über sich ergehen lässt, sollten Sie ein digitales Thermometer erwerben, das die Temperatur schon nach wenigen Sekunden genau anzeigt. Vor der Messung fetten Sie die Thermometerspitze leicht ein. Zur Messung heben Sie die Rute Ihres Hundes an und führen das Thermometer ein. Halten Sie das Thermometer und die Rute während der gesamten Dauer der Messung fest. Sollte sich Ihr Setter sträuben, lassen Sie Ihn gehen und wiederholen den Versuch etwas später. Üben Sie das Fiebermessen mit Ihrem Hund, damit er und Sie sich mit den Handgriffen vertraut machen. Bei Flüssigkeitsthermometern sollte die Messung mindestens 30 bis 60 Sekunden dauern. Digitale Thermometer machen sich durch einen Ton am Ende der Messung bemerkbar.

Denken Sie dran!

Trotz allen Wissens, das Sie sich im Lauf der Jahre angeeignet haben, die endgültige Krankheitsdiagnose kann nur ein ausgebildeter Tierarzt stellen. Kaufen Sie keine Mittel nach eigenem Ermessen und brechen Sie verschriebene Behandlungen nicht ab, weil Sie keinen Sinn darin sehen. Vertrauen Sie Ihrem Tierarzt!

Eine leichte Überhitzung kann nach körperlicher Anstrengung oder durch Aufgeregtheit entstehen, messen Sie zur Sicherheit später ein zweites Mal. Sollte der Wert sich auch dann nicht normalisiert haben, gehen Sie zu Ihrem Tierarzt. Fieber ist ein alamierendes Zeichen für innere Entzündungen und Infektionskrankheiten. Eine deutliche Unterkühlung sollte Sie auf jeden Fall alarmieren, gehen Sie schnellstmöglich mit Ihrem Hund zum Tierarzt.

Das Kreislaufsystem und die Atmung

Bekanntlich zählen sowohl wir Menschen als auch die Hunde zu den Säugetieren. Wir besitzen beide ein geschlossenes Kreislaufsystem, dessen Zustand sich vereinfacht über die Ihnen allen bekannten Werte Pulsfrequenz und Blutdruck beschreiben lässt. Den Blutdruck zu bestimmen, ist Sache des Tierarztes, die Pulsfrequenz können Sie selbst leicht feststellen. Pulsfrequenz und Herzschlag sind identische Werte, so dass Sie zur Bestimmung entweder direkt die Schläge des Herzens oder den Blutstoß in einer Arterie zählen können. Am besten fühlen Sie die Herzschläge direkt an der Brust, indem Sie Ihre Hand oder einzelne Finger auf den Brustkorb halten und solange fester drücken, bis Sie die Schläge deutlich fühlen können. Den Puls ertasten Sie am besten mit ein oder zwei Fingern an einer Oberschenkelarterie, die Sie an der Oberschenkelinnenseite finden. Beide Werte beziehen sich immer auf eine Messung über 60 Sekunden. Je länger Sie mitzählen, desto genauer ist Ihr Wert. Für gewöhnlich zählen Sie den Herzschlag oder Puls über einen Zeitraum von 15 Sekunden und multiplizieren den Wert dann entsprechend mit vier, um auf 60 Sekunden zu kommen. Normale Ruhewerte für Setter liegen bei etwa 80 bis 100 Schlägen. Sollten die von Ihnen gemessenen Werte deutlich abweichen, wiederholen Sie die Messung und vergewissern sich, dass Ihr Hund sich wirklich in einem Ruhezustand befindet. Ein erhöhter Pulsschlag ist normal bei Aufregung oder auch nach körperlicher Anstrengung. Bei zu niedrigem Puls sollten Sie lieber zu einem Tierarzt gehen und Ihren Hund genauer untersuchen lassen.

Die Atemfrequenz Ihres Setter können Sie sehr einfach an den Bewegungen des Brustkorbs erkennen. Immer wenn Ihr Hund einatmet wird der Brustkorb größer und verkleinert sich beim Ausatmen. Die Atemfrequenz liegt bei Ihrem Hund bei etwa zehn bis zwanzig Atemzügen und wird wieder auf 60 Sekunden gerechnet, wobei Sie aufgrund der geringen Anzahl der Atemzüge besser eine ganze Minute mitzählen sollten. Auch hier ist die Ruhefrequenz zu bestimmen. Liegt der ermittelte Wert über den Angaben, schließen Sie bitte wieder eine Erregung oder vorherige Anstrengung des Hundes aus, ebenso kann nach einer Ruhephase die Atmung etwas langsamer sein. Stellen Sie sicher, dass Ihr Hund frei atmet und keine Verengung der Luftröhre oder Bronchien ihm zu schaffen macht. Sollte sich eine Abweichung nicht geben, suchen Sie mit Ihrem Hund den Tierarzt auf.

Die Durchblutung

Das dichte Fell der Setter macht es unmöglich, äußerlich einen Eindruck von der Durchblutung zu bekommen. Einzig ein Blick auf das Zahnfleisch hilft uns hier weiter. Es muss rosig sein und sich nach einem leichten Druck mit dem Finger schnell wieder färben. Sollte die Druckstelle länger als zwei Sekunden weißlich bleiben oder gar das gesamte Zahnfleisch von vornherein blass bis gelblich wirken, ist dies ein sicheres Zeichen für eine Anämie (Blutarmut), die auf den unterschiedlichsten Ursachen basieren kann. Es handelt es sich hier um ein sehr ernstes Krankheitszeichen, und es ist mehr als wahrscheinlich, dass Ihr Hund schon früher erste Anzeichen einer Erkrankung gezeigt hat. Ein Tierarztbesuch ist nun unbedingt erforderlich.

Das Fell

Das Fell Ihres Setters muss glänzen und darf nicht stumpf, struppig oder filzig wirken. Ein gewisser Haarverlust gerade der Unterwolle ist normal, sollte aber keinesfalls zu kahlen oder sehr lichten Stellen führen. Ursachen für starken Haarausfall sind in aller Regel Stoffwechselprobleme mit oftmals ernstem Hintergrund.

Die Augen

Die Augen Ihres Hundes müssen klar sein und dürfen keine Anzeichen einer Trübung zeigen. Ein ständiger Tränenfluss ist ein Anzeichen für eine Verletzung oder Reizung des Auges. Eine etwas stärkere Verkrustung um die Augen ist kurz nach dem Schlafen normal, darf aber nicht ständig auftreten. Auch das ständige Kratzen an den Augen ist das erste Anzeichen einer Störung. Auch wenn Hundeaugen auf den ersten Blick das Weiße im Auge verbergen, achten Sie darauf, dass der Augapfel keine Rötungen und geplatzte Äderchen zeigt. Solche Veränderungen zeigen Ihnen Augenprobleme an.

Seltener treten beim Setter Lid-Fehlstellungen auf. Meist sind nur die Unterlider betroffen und rollen sich nach außen (Ektropium), die rote Bindehaut wird sichtbar und die Hunde haben den verniedlichend genannten „Bernhar-

Nicht allein der routinemäßige Tierarztbesuch ist Garant für einen gesunden Hund. Sie müssen jeden Tag darauf achten, ob Ihr Setter Auffälligkeiten zeigt, die Anlass zur Sorge geben. Foto: I. Francais

dinerblick". Ein nach innen gerolltes Lid, das Entropium, kommt ebenfalls nur selten beim Setter vor.
Die letztendliche Diagnose und Behandlung muss auf jeden Fall der Tierarzt in die Hand nehmen.

Die Ohren

Zu Problemen an den Ohren und vor allem in den Gehörgängen neigen vor allem Hunde mit einer dichten Behaarung des Ohrs und hängenden Ohren, wie sie die Setter besitzen. Hier ist die Durchlüftung nur schwach und es bildet sich schnell ein feuchtes, warmes Mikroklima, in dem sich Bakterien und vor allem Milben wohlfühlen. Sie sollten die Behaarung am Eingang des Gehörgangs nur auszupfen oder schneiden, wenn Ihr Hund ständig Probleme mit Ohrinfektionen hat, um der Besiedlung durch Mikroorganismen zuvorzukommen. Die Haare sitzen recht fest und geschnittene Haare fallen leicht in den Gehörgang und verursachen dort weitere Probleme. Anzeichen für Probleme an den Ohren sind ein ständiger, starker Juckreiz, eine übermäßige Ohrschmalzproduktion und ein übler Geruch aus den Ohren. Ein Tierarztbesuch kann meist schnell Abhilfe leisten.

Die Zähne

Das Milchgebiss eines Setters besteht aus 28 Zähnen. Dabei weisen Ober- und Unterkiefer jeweils sechs Schneidezähne, zwei Fangzähne und sechs vordere Backenzähne auf, die alle dem späteren Gebiss weichen.
Das Dauergebiss besteht dann aus insgesamt 42 Zähnen, davon zwölf Schneidezähnen (Incisivi), vier Fangzähnen (Canini), sechzehn vorderen (Prämolaren) und zehn hinteren (Molaren) Backenzähnen in Ober- und Unterkiefer.
Das Hauptproblem der Mundhygiene bei vielen Hunden ist Zahnsteinbildung, die zu Zahnfleischentzündungen, Zahnfleischschwund und Geschwüren führen kann.

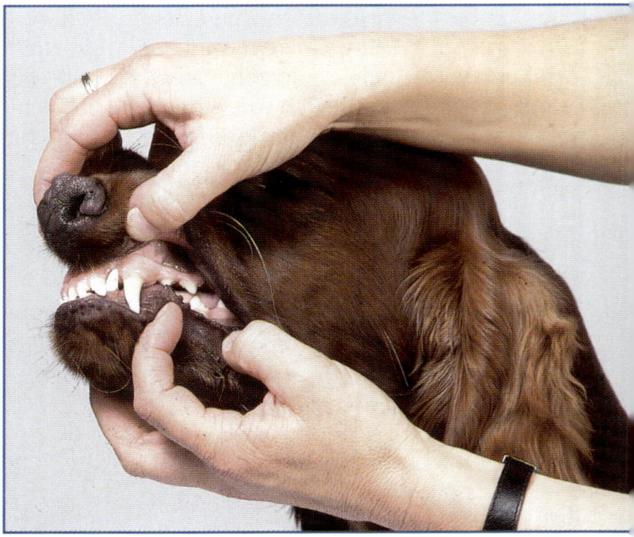

Die Zahnpflege ist sehr wichtig. Bildet sich Zahnstein, kann das Zahnfleisch entzünden und so gefährlichen Krankheitserregern den Eintritt in den Blutkreislauf ermöglichen. Foto: I. Francais

Die Verdauung und Nahrungsaufnahme

Kontrollieren Sie den Stuhl Ihres Hundes auf Veränderungen. Normal ist der Stuhl nicht zu fest, keinesfalls flüssig, nicht zu stark riechend und von meist dunklerer

Farbe. Sollte der Stuhl Ihres Setters in seiner Konsistenz sehr variieren, über längere Zeit besonders flüssig, fest oder übel riechend sein, vielleicht sogar ausbleiben, liegen Verdauungsstörungen vor, die bestenfalls auf eine kürzlich erfolgte Futterumstellung zurückzuführen sind, meist aber die sichtbare Folge einer Darminfektion oder Darmverschlingung darstellen. Ebenso kann ein verändertes Fress- und Trinkverhalten auf Stoffwechsel- oder Darmprobleme hinweisen, wenn Ihr Hund beispielsweise deutlich mehr oder weniger trinkt oder auch mehr oder weniger frisst als gewöhnlich. Auch deutet eine schnelle Gewichtszu- oder -abnahme auf ernste Gesundheitsprobleme hin. Gehen Sie unbedingt zu einem Tierarzt, der eine genaue Diagnose stellen kann.

Der Bewegungsapparat

Achten Sie sehr genau auf die Bewegungen Ihres Setters. Nicht erst ein Humpeln oder Lahmen zeigt Ihnen Probleme an den Gelenken an. Viel früher schon können Sie bemerken, dass Ihr Hund bestimmte Bewegungen vermeidet, weil sie ihm weh tun. Oftmals können hier Gelenkentzündungen unterschiedlichster Natur vorliegen. Gerade Hüftprobleme sind ein Leiden der großen Hunderassen und nur eine Röntgenuntersuchung kann Ihnen hier die letzte Gewissheit geben. Wenden Sie sich bitte an Ihren Tierarzt.

Beobachten Sie das Verhalten Ihres Hundes

Wenn Sie Ihren Hund einige Zeit besitzen, kennen Sie ihn und bemerken Veränderungen in seinem Verhalten sehr schnell. Solche Veränderungen können auf den Lauf der Zeit und sein Älterwerden zurückgeführt werden, wenn er sich beispielsweise mit zunehmenden Alter weniger bewegen will oder etwas dicker wird. Kurzfristige Verhaltens- und Wesensänderungen deuten jedoch auf eine innere Ursache hin, eine Krankheit. Auch unseren Mitmenschen merken wir ein Unwohlsein meist schnell am veränderten Verhalten an, ohne sie länger untersuchen zu müssen. Sobald Sie den Verdacht haben, mit Ihrem Setter könnte etwas nicht stimmen, suchen Sie nach weiteren Krankheitssymptomen und gehen im Zweifelsfall zum Tierarzt.

Es gibt viele Faktoren, die auf eine Erkrankung hindeuten. Wichtig für Sie und Ihren Hund ist, dass Sie sein normales Verhalten kennen und Veränderungen zu deuten wissen. Im Folgenden werden die Krankheiten ausführlicher beschrieben, die im allgemeinen bei Settern häufiger auftreten, oder zumindest in einigen Zuchtlinien Probleme bereiten. Alle hier aufgeführten Erkrankungen sind nicht auf Parasiten, Bakterien oder Viren zurückzuführen, über die im Kapitel „Infektionen und Parasitosen" berichtet wird, sondern stellen organische Veränderungen dar, für die bei den Rassen eine genetische Disposition vorliegt oder die bei Settern allgemein gehäuft auftreten. Die letztliche Diagnose darf in jedem Fall nur der Tierarzt stellen, der Ihrem Hund dann auch die geeigneten Medikamente verschreibt. Sehen Sie dieses Kapitel also als Hilfe zur Vordiagnose, nicht als Ersatz für den Tierarztbesuch.

Wie bei allen großen Hunderassen muss bei der Zucht der Setter auf ein gesundes Hüftgelenk geachtet werden.
Foto: I. Francais

Denken Sie dran!
Bei allen Veränderungen, die Sie sich nicht erklären können, besuchen Sie Ihren Tierarzt. Experimentieren Sie nicht herum oder spielen erste Warnzeichen herunter. Viele Krankheiten sind in ihrem Frühstadium heilbar, später jedoch lebensbedrohlich. Nebenbei sind erste Symptome meist wesentlich kostengünstiger zu behandeln.

Hüftgelenksdysplasie (HD)

Die Hüftgelenksdysplasie ist eine Fehlentwicklung der Hüftgelenke, sie wird gebräuchlicherweise HD abgekürzt. Unter den Dysplasien ist sie die häufigste Form, gefolgt von der Ellbogendysplasie. Besonders betroffen von den Folgen der HD sind die große Hunderassen, zu denen auch Setter zu zählen sind. Bei der HD entwickeln sich Hüftpfanne und Oberschenkelkugel nicht passend zueinander, sie umschließen sich nicht und haben Spiel, was zu einer verstärkten Reibung und somit Abnutzung im Gelenk führt. Gerade bei einer beginnenden Arthrose führt dies zu starken

Schmerzen. Dabei sind die Fehlstellungen unterschiedlicher Natur, entweder ist die Pfanne zu flach, die Kugel zu klein oder nicht rund. Je nach Stärke der HD wird diese in Deutschland in vier verschiedene Stufen eingeteilt. Dabei bedeutet HD null frei von HD, HD I ist HD-verdächtig und geht weiter bis HD III/IV für schwere HD. Diese Einteilung ist leider noch nicht international einheitlich, weshalb Sie unbedingt die regionalen Unterschiede berücksichtigen müssen. Dysplasien allgemein sind Entwicklungs- beziehungsweise Wachstumsstörungen. Auch wenn die HD eindeutig genetisch fixiert ist und somit vererbt wird, kann ihrer Entwicklung entgegengewirkt werden. In der Zucht bedeutet dies, möglichst nur mit HD-freien Hunden zu züchten, in der Hundeaufzucht bedeutet es, verstärkt auf die Ernährung und die Beanspruchung der heranwachsenden Hunde zu achten.

Die HD zeigt sich durch Bewegungsvermeidung, -unlust und Lahmheiten der Hinterbeine. Zunächst natürlich nur minimal, doch können Sie mitunter Beeinträchtigungen schon im fünften bis sechsten Lebensmonat feststellen. Eine genaue Untersuchung durch Röntgen ist erst beim ausgewachsenen Hund mit zwölf bis achtzehn Monaten sinnvoll. Meist zeigen sich die Symptome der HD erst in einem Alter von zwei Jahren, einem Zeitpunkt, wo jede Beeinflussung der Entwicklung zu spät kommt und nur noch die Symptome behandelt werden können. Deshalb ist es besonders wichtig, von Anfang an eine gesunde Welpenkost zu verfüttern. Meiden Sie unbedingt Futter mit einem hohen Protein- und Kaloriengehalt. Solche Hochleistungsnahrung führt zu einem unnatürlich schnellen Wachstum, das Wachstumsdefiziten gerade bei den großen Rassen die Türen öffnet. Experimente mit verschiedenen Fettsäuren zeigen sehr positive Effekte auf die Entwicklung einer HD, fragen Sie Ihren Tierarzt nach den derzeit aktuellen Mitteln. Entwickelt sich bei Ihrem ausgewachsenen Setter trotz aller Vorsorge eine schwerere HD, so ist dies allein kein Grund zur Besorgnis. Das endgültige Krankheitsbild ist sehr vielseitig und die Schwere der Erkrankung hängt nicht zwingend mit dem Grad der HD zusammen. Es gibt Hunde mit leichten HD-Graden, bei denen eine Operation die einzige Möglichkeit darstellt, das Leiden zu lindern, und es gibt Hunde mit schweren HD-Graden, bei denen jede Symptomatik fehlt. Hier zeigt sich, dass die eigentlichen Folgeschäden und nicht der HD-Grad an sich zu den Problemen führt. Natürlich prädestiniert eine hochgradige HD zu einem stärkeren und schnelleren Gelenkverschleiß, aber ein sorgfältiger Umgang mit der Erkrankung kann dem entgegenwirken. Neben der Umstellung der Ernährung und einem absoluten Vermeiden von Übergewicht schon beim heranwachsenden Setter achten Sie unbedingt darauf, was Sie Ihrem Hund an Aktivitäten zutrauen dürfen. Im Alter bis zu zwölf Monaten müssen Sie jede Art von Gewaltmärschen oder belastenden sportlichen Aktivitäten unterlassen.

Leidet Ihr Hund unter den Folgen der HD, so gibt es verschiedene medizinische Möglichkeiten der Behandlung, von einer medikamentösen Schmerzbehandlung bis zu einem chirurgischen Eingriff. Die jeweils sinnvollste Maßnahme entscheiden Sie zusammen mit dem Tierarzt.

Ellbogendysplasie (ED)

Die Ellbogendysplasie, kurz ED genannt, ist eine genetisch fixierte Entwicklungsstörung des Ellbogengelenks. Das Ergebnis ist ein instabiles Ellbogengelenk, geschädigt durch eine degenerierte Elle. Es kommt zu einem stufenartigen Gelenk, da Elle und Speiche nicht die gleiche Länge besitzen. Betroffen sind auch Setter.

Erste Anzeichen sind eine plötzliche Lahmheit und Bewegungsvermeidung der Vorderbeine, die sich durch vermehrte Belastung verschlimmert. Diese Anzeichen können sich bei betroffenen Welpen schon im Alter von nur sechs Monaten oder gar früher zeigen. Eine eindeutige Diagnose kann erst nach abgeschlossenem Wachstum im Alter von etwa zwölf bis achtzehn Monaten erfolgen. Sollte eine Osteochondrose, Knorpelabsplitterung, festgestellt werden, so ist ein operativer Eingriff vor dem Eintreten körperlicher Beeinträchtigung sinnvoll. Gerade bei einem Absplittern vorstehender Knochenteile der Elle ist eine Operation unumgänglich, um die störenden Splitter zu entfernen. Letztlich muss abgewogen werden, welche Behandlung Ihrem Hund am besten hilft. Neben verschiedenen neueren Behandlungsmethoden werden die betroffenen Gelenke vieler Hunde immer noch ruhig gestellt oder die Schmerzen und Entzündungen mit Tabletten behandelt. Welche Behandlungsweise für Ihren Hund die beste ist, können Sie letztendlich nur zusammen mit Ihrem Tierarzt herausfinden, denn jeder Hund spricht unterschiedlich auf die Mittel an und jede ED ist genau wie jede HD von Fall zu Fall sehr unterschiedlich in ihrer letztlichen Auswirkung.

Für die ED-Vorsorge gilt das Gleiche wie für die HD. Eine gesunde Welpenkost mit einem Proteinanteil unter 25 % ist genauso wichtig wie eine nur mäßige Beanspruchung der Gelenke, wobei Gewalt- und Dauermärsche auf jeden Fall vermieden werden müssen.

Epilepsie

Epilepsien sind Störungen des zentralen Nervensystems. Sie können durch verschiedenste Ursachen ausgelöst werden, so zum Beispiel durch organische Schäden, Schäden am Gehirn oder auch Stoffwechselkrankheiten und Vergiftungen. An angeborener Epilepsie leiden auch Setter.

Das Krankheitsbild ähnelt dem des Menschen, wobei die Anfälle bei Settern teils sehr schwer verlaufen; aber manchmal auch so schwach, dass sie vom Halter nicht bemerkt werden. Es gibt auch Fälle, in denen der einzelne Anfall vielleicht nicht sehr intensiv ist, dafür aber mehrere Anfälle pro Tag durchlebt werden müssen. Die Behandlung der Epilepsie richtet sich nach der Ursache, die es unbedingt zu ergründen gilt – eine häufig sehr schwierige Aufgabe. Oftmals ist jedoch kein organischer Schaden des Gehirns oder ein Stoffwechselfehler feststellbar und so lautet die Diagnose idiopathische – also angeborene – Epilepsie. Besorgniserregend ist sicher jeder Anfall. Ein schwerwiegendes Leiden ist jedoch erst dannzu Recht anzunehmen, wenn

Viele Krankheiten zeigen sich erst beim erwachsenen Hund. Deshalb ist es für Sie als Welpenkäufer sehr wichtig, nicht nur auf die Gesundheit des Welpen, sondern auch auf eventuell vorhandene Vorbelastungen der Elternhunde zu achten.
Foto: S. Hintzen

die Anfälle entweder regelmäßig oder in stärkerer Form auftreten. Der Verlauf eines Anfalls kann dabei grob in drei Phasen unterteilt werden.
In der ersten Phase, dem nahenden Anfall, wird Ihr Hund unruhig, ängstlich und zeigt ein allgemein verändertes, auffälliges Verhalten. Die Dauer dieser Phase ist von Hund zu Hund und Anfall zu Anfall sehr unterschiedlich. Manchmal findet sich vor einem Anfall auch kein sichtbares Anzeichen für das Nahen.
Nun folgt der eigentliche Anfall, der von seiner Dauer und Intensität sehr unterschiedlich ausfallen kann. Manchmal bemerken Sie vielleicht kaum etwas, Ihr Setter bleibt nur kurz verkrampft stehen oder zittert leicht. In anderen Fällen kann der Anfall aber auch wesentlich vehementer ablaufen.

Schlimmstenfalls dauert ein Anfall einige Minuten und ist begleitet von schweren Krämpfen in den Gliedmaßen, dem Fang und dem gesamten übrigen Körper. Es kann zu Bewusstseinsverlusten kommen, die nur kurz, in Etappen oder den gesamten Anfall hindurch anhalten. Es folgen hierauf mitunter starke Bewegungen der Extremitäten, Ihr Hund verliert die Kontrolle über seinen Darm und seine Blase, er speichelt stark und beruhigt sich nur langsam wieder.
Nun schließt sich die letzte Phase an, auch als Post-Iktus bezeichnet. Es ist die Erholungsphase nach dem Anfall, deren Länge und Intensität sich von nur einigen Sekunden über Minuten und Stunden bis zu einigen Tagen ausdehnen kann.
Die Behandlung der Epilepsie erfolgt medikamentös und erfordert sowohl ein gutes Zusammenspiel mit Ihrem Tierarzt, als auch eine gewisse Ausdauer. Genauso vielfältig wie die Ursachen für die Epilepsie sein können, so unterschiedlich sind auch die Behandlungsmöglichkeiten und nicht jeder Setter spricht auf die gleiche Behandlung mit dem gleichen Erfolg an. Gerade die richtige Dosierung des geeigneten Medikaments ist oft nur durch Versuch und Fehlversuch möglich. Ist jedoch das richtige Präparat in richtiger Dosierung gefunden, so besteht auch in schwereren Fällen die Aussicht auf ein anfallfreies Leben.

Narkolepsie

Die Narkolepsie ist ein genetisch fixiertes Problem und zeigt in ihrer Symptomatik spontan auftretende Schlafanfälle. Von ihrem Auftreten und Erscheinungsbild her scheint die Narkolepsie eine Anfallserkrankung zu sein, die eng mit der Epilepsie verbunden ist. Eine besondere Häufung der Schlafanfälle lässt sich nach den Mahlzeiten und bei besonderer Aufregung feststellen. Erste Symptome zeigen junge Hunde schon im Alter von 20 Wochen. Es besteht die Möglichkeit einer medikamentösen Behandlung, die im Einzelfall gut anschlägt, jedoch darf nicht vergessen werden, dass genetisch belastete Hunde von der weiteren Zucht ausgeschlossen werden müssen, um einer Verbreitung vorzubeugen.

Lid-Fehlstellungen (Ektropium)

Selten kommt es beim Setter zu angeborenen Fehlstellungen des unteren Augenlids. Hierbei wird das Bindegewebe nach unten gezogen und gleichzeitig die Bindehaut nach außen gerollt. Die Augen zeigen sich, da die nun sichtbare Bindehaut stark durchblutet ist, blutunterlaufen.
Das Ektropium an sich bereitet den betroffenen Hunden kaum Probleme, jedoch bietet die nach außen gerollte, feuchte Bindehaut einen idealen Sammel- und Angriffsplatz für Bakterien, was in der Folge fast zwingend zu einer Konjunktivitis (Bindehautentzündung) führt. Eine chirurgische Beseitigung des Ektropiums ist gut möglich und sollte auf jeden Fall angestrebt werden. Ihr Tierarzt kann je nach Schwere des Problems zu der geeignetsten Operationsmethode raten. Am besten allerdings kaufen Sie sich erst gar keine Welpen von Elterntieren, die dieses Leiden haben, so leisten auch Sie als Käufer Ihren Beitrag, dass in Zukunft noch mehr auf die Gesundheit der Hunde geachtet wird.

Grauer Star (Katarakt)

Unter dem Begriff „Grauer Star" werden alle Erkrankungen zusammengefasst, die in ihrer letztlichen Symptomatik eine rauchige oder milchige Trübung der Augenlinse in unterschiedlich starkem Ausmaß zeigen. Bei Settern ist dieses Krankheitsbild sehr häufig.

Der Graue Star, egal welcher Form, führt immer zu einer Veränderung des Linsengewebes, es trocknet aus oder trübende Produkte werden eingelagert. Obwohl der Graue Star meist nicht zu einer völligen Erblindung führt, ist die Beeinträchtigung des Sehvermögens gerade im fortgeschrittenen Stadium und bei beidseitigem Befall sehr stark.

Die Diagnose ist relativ einfach zu stellen, denn die Symptomatik der Linsentrübung ist auch ohne großen Apparateeinsatz leicht feststellbar.

Die Behandlungsmöglichkeiten beim Grauen Star beschränken sich leider auf einen operativen Eingriff, denn die Trübung der Linse kann medikamentös nicht beseitigt werden. Um so wichtiger ist es abzuwägen, wann eine Staroperation Sinn macht. Zunächst sollten Sie sicher gehen, dass die Retina des geschädigten Auges voll funktionsfähig ist, denn ansonsten wäre jede Staroperation sinnlos. Ein einseitiger Grauer Star muss nicht operiert werden, Ihr Hund ist bestens in der Lage, auf die volle Sehkraft des einen Auges zu verzichten. Sind beide Augen stark geschädigt und ist Ihr Hund noch nicht sehr alt, sollten Sie sich zu einer Operation zumindest eines Auges entschließen. Hierbei können mittlerweile auch künstliche Linsen in das Auge eingesetzt werden, die Ihrem Hund beinahe zu alter Sehleistung verhelfen. Bei älteren Settern, deren Bewegungsdrang und Aktionsradius schon eingeschränkt ist, kann die Beeinträchtigung des Augenlichts gut durch die anderen Sinnesleistungen ersetzt werden. Hier sollten Sie die Belastungen des älteren Hundes durch eine Operation und die damit verbundenen Risiken höher bewerten als den Vorteil des verbesserten Sehvermögens.

Denken Sie dran!

Jeder Hund kann erkranken. Die Behandlungen können im Zweifelsfall teuer und langwierig werden. Sie erfordern nicht nur Opfer von Ihrem Hund, sondern auch von Ihnen. Bevor Sie sich einen Hund anschaffen, sollten Sie sich diese Seite der Hundehaltung bewusst machen und bereit sein, die Verantwortung zu übernehmen.

Grüner Star (Glaukom)

Der „Grüne Star" oder auch „Glaukom" ist ein Sammelbegriff für eine Reihe ursächlich unterschiedlicher Erkrankungen des Auges, die aber allesamt als Symptomatik einen Überdruck im Augapfel zeigen. Nach ihrer Krankheitsursache werden zunächst das Primär- und das Sekundärglaukom unterschieden.

Das Primärglaukom hat seine Ursache in einer veränderten Physiologie oder Anatomie des Kammerwasserabflusses.

Alle Setter-Rassen scheinen recht anfällig für verschiedene Augenleiden zu sein. Da viele dieser Erkrankungen möglicherweise erblich sind, dürfte eine erfolgreiche Bekämpfung nur über vorbildliche Zuchtprogramme zu erreichen sein. In Deutschland sind die Vereine sehr um das Wohl der Hunde bemüht.
Fotos: S. Hintzen

Durch den ständig ansteigenden Augendruck kommt es zu den ersten, typischen Problemen und Symptomen des Primärglaukoms: Ihr Setter hat Schmerzen, die teils anfallartig auftreten, auf die die unterschiedlichen Hunde auch sehr individuell reagieren. Manche Hunde werden sehr unruhig und nervös, sie versuchen den Schmerz abzuschütteln. Andere Hunde werden leicht aggressiv und verändern ihr Wesen zum Schlechten, Launigen, Unberechenbaren hin. Allgemein können Sie eine erhöhte Fotosensibilisierung feststellen, Ihr Hund reagiert schreckhaft und labil, wenn Sie ins Helle kommen. Ihr Setter reagiert sehr empfindlich auf Berührung des Auges.

Im fortgeschritteneren Stadium werden nun auch die Veränderungen am Auge unübersehbar. Der Augapfel ist vergrößert, die Linse trübt sich und die Pupillenreflexe verlangsamen sich bis zum völligen Ausbleiben.

Ein Primärglaukom kann sowohl akut auftreten als auch in einen chronischen Krankheitsverlauf übergehen. Beim akuten Glaukom treten die Schmerzen schnell und plötzlich, ohne vorherige Krankheitszeichen auf. Das chronische Glaukom zeigt prinzipiell die gleiche Symptomatik wie das akute, doch tritt hier häufig eine Hornhauttrübung und Entzündung auf, die sich auf den längeren Zeitraum der Druckerhöhung zurückführen lassen.

Das Sekundärglaukom tritt als Folge einer Grunderkrankung oder auch Schädigung des Augapfels auf. Im Gegensatz zum Primärglaukom, das meist beide Augen befällt, tritt das Sekundärglaukom nur am geschädigten Auge auf, zeigt ansonsten aber eine identische Symptomatik.

Die Folgen eines Glaukoms hängen vor allem von der Dauer und der Schwere der Druckerhöhung ab. Je länger der Druck stark erhöht ist, desto wahrscheinlicher werden irreparable Schädigungen der Retina und des Sehnervs, was auch über die Krankheit hinaus zu einer Sehbeeinträchtigung führen wird.

Die letztendliche Diagnose kann nur zuverlässig durch die Messung des Augeninnendrucks gestellt werden, der unter leichter lokaler Betäubung durch einen Augenspezialisten festgestellt werden kann.

Ziel der Behandlung ist immer die Reduktion des Augeninnendrucks, die entweder durch eine verminderte Produktion des Kammerwassers oder durch dessen besseren Abfluss dieses erreicht wird. Die Therapie beim Primärglaukom kann medikamentös erfolgen. Ein Sekundärglaukom muss hingegen meist chirurgisch behandelt werden.

Progressive Retina-Atrophie (PRA)

Die angeborene oder erbliche Netzhautatrophie ist bei Settern ein vermehrt auftretendes Problem, das immer mit der völligen Erblindung durch Veränderungen in der Netzhaut endet. Die PRA kann histologisch in zwei Formen, die generalisierte PRA und die zentrale PRA, eingeteilt werden, was aber weder auf den Krankheitsverlauf noch auf die Heilungschancen eine Auswirkung hat. Die Ursachen hingegen sind unterschiedlich und können auf Rückbildungen (Degenerationen) und Entwicklungsstörungen (Dysplasien) der Stäbchen und Zäpfen in der Retina zurückgeführt werden. In Deutschland ist vor allem die generalisierte Form bekannt.

Die Krankheit kann sich über viele Jahre manifestieren, aber auch innerhalb nur weniger Wochen zur vollständigen Erblindung führen. Typischerweise bemerken Sie als Halter zunächst nichts vom Anfang der Retinadegeneration, denn Ihr Setter ist sehr gut in der Lage, den allmählichen Sehverlust durch seine anderen Sinne wie Geruch und Gehör auszugleichen. So werden Sie seinen Sehverlust zunächst verstärkt in fremder, ungewohnter Umgebung sowie bei einsetzender Dämmerung und nachts bemerken. Die Augen zeigen anfangs keine Auffälligkeiten, die Pupillen sind nur minimal vergrößert. Mit fortschreitender Netzhautdegeneration wird Ihr Setter nun auch tagsüber unsicherer und Veränderungen an der Pupille werden sichtbar. Sie ist unnatürlich geweitet und Reaktionen auf Lichtreize bleiben zusehends aus. In der letzten Phase der Erblindung kann es zu einer sekundären Katarakt (Grauer Star) kommen, die fälschlich für die Erblindung verantwortlich gemacht werden könnte. Nur liegt die Ursache für das geschwundene Sehvermögen nicht in dieser Linsentrübung, sondern tiefer, in einer geschädigten Netzhaut.

Die PRA führt immer zu einer vollständigen Erblindung und kann bei früher Diagnose durch eine Vitamin A/B-Komplex-Behandlung höchstens verzögert, aber nie gestoppt oder gar geheilt werden. Die Früherkennung ist schwierig, da sich das eigentliche Krankheitsbild erst sehr spät zeigt. Sie können nur durch regelmäßige Vorsorgeuntersuchungen die Anfangsstadien der Krankheit diagnostizieren. Der Tierarzt, oft ist ein Augenspezialist mit den geeigneten Apparaten nötig, wird eine Elektroretinographie erstellen, bei der sich selbst kleinste Anzeichen der Erkrankung offenbaren. Der für die Diagnose notwendige Eingriff kann schmerzfrei ohne Betäubung ambulant durchgeführt werden.

Dermoid

Beim Dermoid handelt es sich um eine Fehlbildung im Auge von hautähnlicher Beschaffenheit. Beim Setter kann diese erbliche Beeinträchtigung häufiger beobachtet werden.

In der embryonalen Phase wandern Hautzellen in den Bereich des Auges und siedeln sich vor allem an der Bindehaut und der Hornhaut an. Aus diesen Zellen entstehen unterschiedliche, recht komplexe Strukturen, die sich entweder verkapseln oder in mehreren differenzierten Schichten zeigen. Recht typisch ist die Demoidbehaarung, die zu einem ständigen Reiz für das Auge wird und wie alle anderen Demoide entfernt werden muss.

Je nach Größe und Lage des Demoids ist das Sichtfeld des Hundes mehr oder weniger eingeschränkt. Hat sich das Dermoid in der Hornhaut manifestiert, so ist je nach Schwere – sprich Tiefe und Ausbreitung des dermoiden Gewebes – mit Sehbeeinträchtigungen durch Narbenbildung auch nach der Operation zu rechnen. Dermoide an der Bindehaut oder dem Lid können meist ohne postoperative Folgen entfernt werden.

Schilddrüsenunterfunktion

Die Unterfunktion (Hypothyreose) ist die häufigste Erkrankung der nur zwei bis drei Zentimeter großen Schilddrüse und die häufigste Drüsenerkrankung bei Settern allgemein. Dies soll nicht heißen, dass Hunde dieser Rasse häufig an der Schilddrüse erkranken, dies stellt nur insgesamt bei Hunden ein häufiges Leiden dar und soll deshalb auch hier nicht unerwähnt bleiben.

Die Schilddrüsenunterfunktion kann angeboren oder erworben sein. Typischerweise tritt sie erst ab einem Alter von zwölf Monaten ein und resultiert in einer Unterproduktion der Schilddrüsenhormone, vor allem des Stoffwechselhormons Thyroxin. Je nachdem in welchem Lebensabschnitt die Unterfunktion auftritt, sind die Symptome und Folgen für Ihren Hund sehr unterschiedlich.

Welpen mit angeborener Schilddrüsenunterfunktion sind oft nicht lebensfähig, werden tot oder mit einem Kropf geboren und sterben meist kurz nach der Geburt. Tritt die Unterfunktion in der Wachstumsphase Ihres Setters auf, so zeigt sich ein auffällig verlangsamtes Wachstum, bei dem oftmals die Körperproportionen nicht mehr übereinstimmen. Am auffälligsten ist hierbei die Verkürzung der Extremitäten und der Wirbelsäule. Eine Hypothyreose beim erwachsenen Hund zeigt sich an vielfältigen Symptomen, die in unterschiedlichen Konstellationen auftreten können. Da zu wenig des Stoffwechselhormons gebildet wird, ist der Stoffwechsel verlangsamt und Ihr Hund wirkt unlustig und träge. Oft fallen den betroffenen Hunden die Haare büschelweise, manchmal symmetrisch zunächst auf dem Nasenrücken und an der Kruppe aus. Sie beginnen bei gleicher Ernährung zuzunehmen, da sich Wasser im Gewebe einlagert.

Bei den genannten Symptomen sollten Sie schnell einen Test beim Tierarzt machen lassen, denn eine Behandlung ist einfach durch das Zufüttern des fehlenden Hormons in ausreichender Menge möglich. So können Sie sowohl Wachstumsstörungen entgegenwirken als auch Ihrem Hund ein völlig normales Leben ermöglichen.

Ein gesunder Hund ist der ganze Stolz seines Beitzers. Sie sind dafür verantwortlich, die Vorsorge und richtige Pflege in die Hand zu nehmen.
Foto: I. Francais

Autoimmunerkrankungen

Autoimmunerkrankungen, die auch als immunvermittelte Krankheiten bezeichnet werden, sind ursächlich auf eine Fehlfunktion des körpereigenen Immunsystems zurückzuführen. Hierbei wendet sich die Körperabwehr nicht gegen fremde Zellen und Organismen, sondern übermäßig gegen gesunde Zellen des eigenen Körpers. Autoimmunerkrankungen können alle Organe, verschiedene

Bestandteile des Bluts, das Bindegewebe, häufig die Gelenkknorpel und die Haut treffen. Setter leiden recht häufig unter immunbedingten Hauterkrankungen, was eine genetische Disposition dieser Erkrankungen vermuten lässt.
Die Ursache für die Zerstörung körpereigener Zellen durch Immunzellen ist zunächst durchaus natürlich. Wird eine Zelle zum Beispiel von einem Virus befallen, so zeigt diese Zelle, sehr vereinfacht gesagt, dem eigenen Körper an, dass sie infiziert ist, und wird von Makrophagen, den bekannten Fresszellen, verdaut. Krankhaft wird dieser Mechanismus erst, wenn gesunde Zellen zerstört werden, das Immunsystem also nicht mehr zwischen gesund und krank oder körpereigen und körperfremd unterscheiden kann. Die Ursachen hierfür sind verschieden, liegen jedoch meist in einer Veränderung der Zelloberfläche, die durch Bakterien, Viren oder andere chemische Stoffe ausgelöst wird, obwohl, und hier liegt der große Unterschied, die Zelle an sich nicht krank ist.
Ist die Haut betroffen, manifestiert sich das Krankheitsbild in Form von Schuppen und Geschwüren, welche zu starkem Juckreiz führen können. Im weiteren Krankheitsverlauf führt dies zu einem starken Abtrag der oberen und später auch tiefer gelegenen Hautschichten. Es bilden sich vor allem am Kopf und den Übergängen von Haut zu Schleimhaut tiefe Wunden. Die offenen Wunden bieten Sekundärinfektionen eine leichte Eintrittspforte in den Hundeorganismus. Bekannt sind hier vor allem Pemphigus vulgaris und Lupus erythematodes.
Zu rheumatischen Erscheinungen kommt es, wenn sich die fehlgeleitete Immunabwehr gegen die Gelenkknorpel richtet. Die Heilungschancen sind bei den Autoimmunerkrankungen allgemein nicht sehr günstig und gerade die häufiger auftretenden Hauterkrankungen können meist nur symptomatisch durch die Gabe hoher Kortikosteroiddosen behandelt werden.
In jedem Fall müssen Sie sofort einen Tierarzt aufsuchen, der die Behandlung, die Sie und Ihren Hund meist bis zu seinem Tod begleitet, in die Hand nimmt.

Atopie

Diese sehr häufige Allergieform zeichnet sich durch einen ständigen Juckreiz aus. Die Hunde reagieren auf nur einen oder verschiedene Stoffe allergisch, die sie durch die Luft, über das Fressen oder direkt über die Haut aufnehmen oder damit in Berührung kommen. Die Haut zeigt dabei keine besonderen Veränderungen. Auftretende Abschürfungen oder Rötungen sind meist das Resultat des andauernden Kratzens.
Beim Irish Red Setter wird eine genetische Fixation angenommen. Die Behandlung erweist sich meist als recht schwierig, da die Suche nach dem Allergen nicht einfach ist – der Hund könnte prinzipiell auf alles reagieren. Achten Sie deshalb besonders darauf, wann Ihr Hund die allergischen Reaktionen zeigt. Leider zeigt ein Großteil der betroffenen Hunde die Anzeichen ganzjährig ohne saisonale Schwankungen.
Die Therapie verfogt zwei Ansätze: Zunächst sollen der Juckreiz gemildert und eventuell vorhandene Hautschädigungen behandelt werden. Bei offenen Hauts-

tellen besteht immer die Gefahr einer Sekundärinfektion durch Bakterien oder Parasiten. Ist das Allergen gefunden, kann der Stoff gezielt aus dem Leben des Hundes ferngehalten werden. Alternativ beginnt man eine Hyposensibilisierung. Dabei wird der Hund dem Allergen kontrolliert ausgesetzt um seine Reizschwelle zu erhöhen. Über die Hälfte der in dieser Weise behandelten Hunde zeigen nach der Therapie keine oder nur noch sehr verminderte allergische Reaktionen.

Seborrhoe

Bei der Seborrhoe handelt es sich um eine Hauterkrankung, bei der sich die Hautzellen schneller teilen und größer werden, als dies normalerweise der Fall ist. Diese Verschuppung der Haut führt zum einen zu einem erhöhten Juckreiz, zum anderen – in der Folge des Kratzens – zu offenen Hautstellen, die Bakterieninfektionen begünstigen. Beim Irish Red Setter finden wir häufig die Form der trockenen Seborrhoe, bei der die Krankheit allein auf der Veränderung der Hautschuppen beruht. Bei der selteneren fettigen Seborrhoe kommt es zudem zu einer vermehrten Talgproduktion der Talgdrüsen.

Eine Behandlung richtet sich meist rein gegen die Symptome. Die Ursache der Seborrhoe ist in den meisten Fällen unbekannt. Erfolge bei der Behandlung erzielt man über Futterumstellungen, Gaben bestimmter essentieller Fettsäuren und medizinischen Bädern. Die Behandlung muss sehr eng mit dem Tierarzt abgestimmt werden, ein häufiges Wechseln der Bäder und Shampoos ist in den meisten Fällen sehr wichtig.

Die Symptome weichen oft erst nach mehrmonatiger Behandlung und können jederzeit wiederkommen. Eine völlige Heilung ist selten. Betroffene Hunde müssen meist ihr Leben lang behandelt werden.

Magendrehung, Aufgeblähtheit

Eine Magendrehung ist keine seltene und zudem noch eine sehr gefährliche Erkrankung. Sie kann prinzipiell jeden Hund treffen, doch sind die großen Rassen gefährdeter als die kleinen und es trifft eher ältere Hunde ab sechs Jahren als jüngere. Auch Setter gehören zu den

Auch wenn die Liste möglicher Erkrankungen sehr lang ist, sind Setter bei artgerechter Haltung und Pflege robuste Zeitgenossen, an denen Sie lange Ihre Freude haben werden!
Foto: I. Francais

gefährdeten Rassen. Die Symptomatik ist glücklicherweise recht spezifisch und Sie können eine Notfallsituation schnell selbst erkennen. Ihr Hund zeigt zunächst vorsichtige Versuche, sich zu erbrechen, ohne dass dabei wirklich große Mengen

Flüssigkeit und Nahrung erbrochen werden können. Zum schnellsten Handeln sind Sie spätestens gezwungen, wenn Sie einen unnatürlich aufgetriebenen Vorderbauch bei Ihrem Hund beobachten, er unruhig ist und schnell und flach atmet. Es kann in der Folge zu Kreislaufversagen und Schock kommen. Schnellste ärztliche Hilfe ist notwendig, da besonders schwer erkrankte Hunde innerhalb einer Stunde an dem begleitenden Schock sterben können.

Das pathologische Krankheitsbild zeigt immer eine Magenüberdehnung durch Aufgeblähtheit, wobei der Magen selbst mehr oder weniger stark um die eigene Achse verdreht ist. Die Blähung hat ihre Ursache in einem unkontrollierten Luftschlucken des Hundes und ist nicht die Folge von Verdauungsgasen, die nicht mehr entweichen können. Strittig ist noch, inwieweit die Magenverdrehung tatsächlich mit der Futteraufnahme zusammenhängt, ob sie sich erst durch schnelles, unkontrolliertes Fressen und damit verbundenes Schlucken von Luft entwickelt, oder ob sie bereits vor der Aufgeblähtheit existierte und sich durch diese noch verschlimmert. Wie dem auch sei, die Folge kann schnell der Tod Ihres Setter sein. Durch die Drehung des Magens verschließen sich nicht nur der Magenein- und -ausgang, sondern auch die die im Magen verlaufenden Blutgefäße, zusätzlich wird die Milz abgeklemmt. Als Folge ist eine große Menge Blut in Magen und Milz eingeschlossen, wodurch es zu Kreislaufversagen und schockähnlichen Zuständen kommen kann. Ebenfalls werden große Bereiche des Magens nicht mehr ausreichend durchblutet und sterben innerhalb kurzer Zeit ab.

Die Hilfe des Tierarztes ist eine sofortige Operation, in deren Verlauf zunächst die Luft durch Punktion abgelassen wird, anschließend wird der Magen „entdreht“, die abgestorbenen Teile entfernt und vernäht. Als Prophylaxe kann der Magen, meist in schweren Fällen oder wenn der Hund schon einmal eine Magendrehung hatte, mit wenigen Stichen an der rechten Bauchwand befestigt werden, um ein erneutes Verdrehen zu verhindern. Eine typische Folge selbst bei ansonsten glatt verlaufenden Operationen sind Herzrhythmusstörungen. Am besten lassen Sie Ihren Hund nach einer solchen Operation noch etwa drei bis vier Tage zur Beobachtung im Krankenhaus. Sollten weitere Komplikationen ausbleiben, sind die Heilungschancen für Ihren Hund sehr gut. Die Fixation des Magens hält im besten Fall mehrere Jahre.

Prophylaktisch sollten Sie sich an die im Kapitel „Ernährung“ gegebenen Futterregeln halten. Obwohl ein Zusammenhang zwischen den Fressgewohnheiten und der Magenverdrehung noch nicht eindeutig wissenschaftlich belegt wurde, so deutet doch vieles darauf hin, dass hastiges Fressen, Luft schlucken und große Portionen eine Magendrehung begünstigen. Lassen Sie Ihren Hund auch nach dem Fressen erst einmal eine Stunde ruhen, bevor er wieder toben darf.

Im täglichen Hundeleben ist der Befall durch Parasiten eines der größten Gesundheitsrisiken. Die Schäden, die Flöhe, Läuse oder Zecken als Ektoparasiten anrichten können, sind nicht zu unterschätzen. Zwar ist eine Zecke schnell entfernt oder auch ein Flohbefall recht schnell bekämpft, die Infektionskrankheiten, die diese Parasiten aber übertragen können oder denen sie durch ihre Stiche oder Bisse die Pforte öffnen, können zu ernsthaften Gesundheitsproblemen für Ihren Setter führen. Der sicherste und kostengünstigste Schutz ist auch hier die Vorsorge und Vermeidung von Gefahrensituationen, mit der sich dieses Kapitel beschäftigt. Sie erfahren auch, wie Sie Ihrem Setter im Falle einer Infektion oder Bevölkerung durch Parasiten wirksam helfen können.

Flöhe

Anzeichen für einen Befall mit Flöhen ist ein ungewohnt starker Juckreiz. Die Einstichstellen der Flöhe sind beim Hund meist nicht erkennbar, aber die Flöhe selbst sind einige Millimeter groß und können von Ihnen auch mit dem bloßen Auge entdeckt werden. Als weiteres, typisches Merkmal sehen Sie den Kot der Flöhe – kleine, schwarze Kügelchen. Die Flöhe selbst halten sich bevorzugt an den wärmeren Körperstellen wie Schenkelinnenseiten, Ohren und Achseln auf. Der Flohbefall an sich ist für ihren Hund allenfalls lästig, jedoch bringen die Flohstiche einige sehr unangenehme Folgen mit sich. Manche Hunde reagieren alleine auf den Einstich und den eingetragenen Speichel so allergisch, dass durch das ständige Kratzen offene Wunden entstehen, die Sekundärinfektionen verschiedenster Art die Tür öffnen. Schnell wird der in der Umgebung der Wunde abgelegte, infektiöse Flohkot eingerieben. Als erstes wird man versuchen, die Flöhe selbst zu beseitigen. Eine Behandlung der Flohallergie in Form einer Desensibilisierung ist nicht möglich. Die Behandlung allergischer Hunde besteht zusätzlich zu den normalen Maßnahmen in einer Behandlung des auftretenden Juckreizes, meist durch kortisonhaltige Präparate. Der Floh selbst ist Überträger des Gurkenkernbandwurms. Adulte Flöhe verweilen nur die kürzeste Zeit ihres Lebens wirklich auf einem Hund. Die Floheier, Larven und Puppen sind überhaupt nicht am Hund zu finden, sie leben hauptsächlich an den bevorzugten Aufenthaltsorten des Hundes und ernähren sich dort von Flohkotresten und Hautschuppen. Nur adulte, weibliche Flöhe brauchen zur Ent-

Denken Sie dran!

Flöhe können Ihren Hund zur Verzweiflung bringen. Es gibt aber wirksame Gegenmittel, die sowohl gegen die Flöhe als auch gegen ihre Eier wirken. Sprechen Sie die Anwendung genau mit Ihrem Tierarzt ab, da die Mittel, falsch dosiert, auch schädlich sein können. Kaufen Sie kein Mittel, das Sie nicht kennen!

wicklung Blut. Dies ist wichtig zu wissen, wollen Sie die Parasiten auf Dauer vertreiben. Die Bekämpfung muss sich immer auf den Hund und sein Umfeld beziehen. Leider ist der Floh im Notfall bei seiner Wirtswahl nicht sehr wählerisch und kann auch auf den Menschen übertreten.

Die Behandlungsmethoden sind inzwischen sehr effektiv und geeignete Mittel bei Ihrem Tierarzt erhältlich. Am gebräuchlichsten sind Shampoos und Sprays für den Hund und verschiedene Pulver für die Bekämpfung an den Lagerstätten und Aufenthaltsorten Ihres Hundes. Die Mittel unterscheiden sich in ihrer Wirkung, da am Hund adulte Flöhe und an den Lagerstätten auch die Eier, Larven und Puppen vernichtet werden müssen. Empfehlenswert ist es, die Hundedecke und andere infizierte Gegenstände auszutauschen oder bei 95° C in die Waschmaschine zu geben.

Mittel zur Prophylaxe eines Flohbefalls sind erhältlich und bei richtiger Anwendung durchaus empfehlenswert. Sie erhalten neben Flohhalsbändern, die ständig eine bestimmte Insektizidmenge abgeben, Sprays oder Shampoos. Die vor einiger Zeit noch gebräuchlichen Puder haben sich nicht bewährt und werden heute auch kaum noch angeboten. Beachten Sie für diese unterschiedlichen Präparate bitte unbedingt die Wirkungsdauer und Anwendung. Viele Mittel, gerade Halsbänder, verlieren bei Nässe ihre Wirksamkeit, auch unterscheiden sich die Produkte stark in ihrer Wirkdauer. Das neueste Produkt auf dem Markt ist eine Anti-Floh-Tablette, die für eine Sterilität der saugenden Weibchen sorgt, diese selbst aber nicht tötet. Zusammen mit einer wirksamen Bekämpfung der Flöhe durch Bäder oder Puder löst dieses einfach zu verabreichende Mittel das Flohproblem schnell und effektiv.

Als natürliche Prophylaxe soll das Füttern von Knoblauch gute Ergebnisse erzielen. Die Flöhe reagieren empfindlich auf den Knoblauch, sie befallen die Hunde nicht mehr. Knoblauch bietet zudem einen entscheidenden Vorteil bei der Prophylaxe gegenüber den meisten chemischen Mitteln, denn er ist absolut ungefährlich für Hund und Mensch. Die Beigabe muss allerdings ständig erfolgen.

Achtung: Viele Flohpuder, Flohhalsbänder, Shampoos oder Sprays können gerade für Kleinkinder gefährlich werden, wenn diese in Kontakt dazu geraten.

Läuse und Haarlinge

Sowohl der starke Befall mit Haarlingen als auch der mit Läusen ist meist ein Zeichen schlechter Fellpflege. Die Hunde kratzen sich verstärkt und es kann zu offenen Stellen kommen, die Sekundärinfektionen begünstigen. Anders als Flöhe kleben diese Parasiten ihre Eier, Nissen genannt, in das Fell des Hundes.

Die Behandlung erfolgt analog zur Flohbekämpfung mit verschiedenen Sprays und Shampoos. Auch hier sollten Sie die Ruhe- und Aufenthaltsorte Ihres Hundes mit desinfizieren. Richten Sie sich bei der Behandlung nach den Herstellerangaben und dem Rat Ihres Tierarztes.

Prophylaktisch können Sie Ihren Hund mit Sprays behandeln, auch die meisten Flohhalsbänder schützen gleichzeitig vor Läusen und Haarlingen.

Mit ihren kräftigen Beißwerkzeugen verbeißen sich Zecken so fest in der Haut eines Hundes, dass es mancher Tricks bedarf, um sie komplett zu entfernen. Machen Sie nicht den Fehler und versuchen, die Zecke mit der Hand zu entfernen. Nehmen Sie eine geeignete Pinzette und drehen Sie die Zecke vorsichtig heraus. Zecken sitzen in halbhohen Gräsern und Büschen und krabbeln von dort an den vorbeistreichenden Hund.

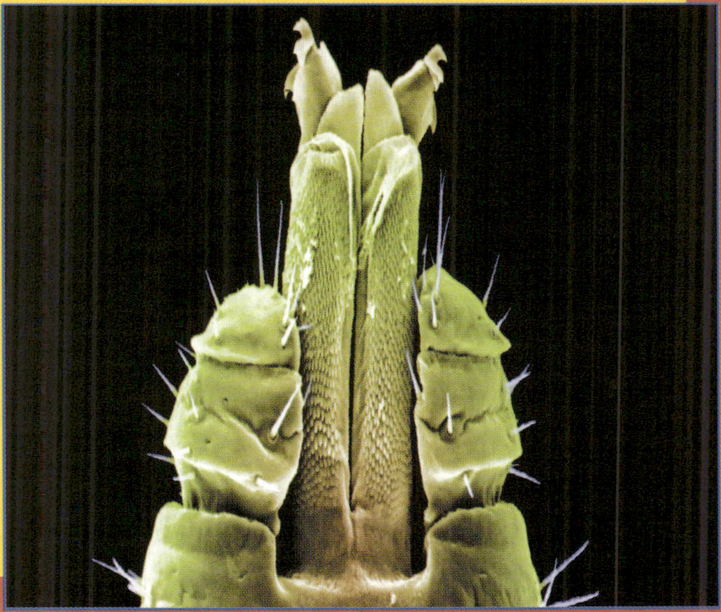

Diese Quälgeister bohren sich mit ihrem ganzen Kopf in der Haut Ihres Hundes fest und saugen sich mit Blut voll. Wenn die Zecke „satt“ ist, lässt sie sich mit ihrem jetzt vollen Bauch einfach wieder auf den Boden fallen.

Zecken

Die in unseren Breiten häufigste Zeckenart ist der Holzbock. Dieses Spinnentier sitzt bevorzugt an lichten Stellen des Waldes im Unterholz bis zu 80 Zentimeter über dem Boden. Mit seinen thermotaktilen Sinnesorganen nimmt der Holzbock seinen Wirt aufgrund seiner Körpertemperatur wahr und lässt sich auf diesen fallen. Neben dem Menschen sind dies auch Hunde. Hier bohrt sich die Larve, die Nymphe oder das erwachsene Weibchen in die Haut des Hundes ein und verankert sich mit dem gesamten Kopf im Wirtstier. Die Blutaufnahme kann sich ungestört über mehrere Tage erstrecken, bis das vollgesogene Tier von alleine wieder abfällt. Der Größenzuwachs der Zecke ist enorm. Von unscheinbaren, wenigen Millimetern wächst sie auf Erbsen- bis Saubohnengröße heran. Bis auf gelegentliche allergische Reaktionen ist der eigentliche Zeckenbiss ungefährlich, wenn nicht zu viele Zecken gleichzeitig am Hund saugen. Gefährlich wird die Zecke erst, wenn sie Überträgerin anderer Krankheiten ist. Am gefährlichsten ist hier die Lyme-Borreliose, ausgelöst durch das Bakterium *Borrelia burgdorferi*, die virusbedingte FSME (Frühsommerhirnhautentzündung) und die durch im Blut parasitierende Einzeller ausgelöste Babesiose, die allerdings eine aus dem südlichen Europa importierte und nur zur Urlaubszeit häufigere Erkrankung ist.

Durch Zecken übertragene Krankheiten können geheilt werden, wenn man sie früh erkennt.

Die Babesiose zeigt sich im Frühstadium nach etwa anderthalb bis drei Wochen durch Temperaturanstieg, Abgeschlagenheit und Gewichtsverlust. Da der Parasit verschiedene Organe befallen kann, sind die weiteren Symptome unterschiedlich, jedoch zeigen sich meist Symptome einer Gelbsucht und ein durch Blut dunkel gefärbter Urin. Die Diagnose kann der Tierarzt schnell stellen und eine Behandlung ist erfolgversprechend, solange noch kein Organ dauerhaft geschädigt ist.

Die Lyme-Borreliose, an der auch der Mensch erkranken kann, zeigt bei Hunden den gleichen Krankheitsverlauf. Eine rote, knötchenartige Veränderung an der Bissstelle ist die Bestätigung, wenn Sie an Ihrem Hund schon die ersten Symptome feststellen: Fieber, Apathie und Appetitlosigkeit. Hinzu kommen allgemeine Muskel- und Gelenkschmerzen, der Hund ist träge, bewegt sich nicht gern und reagiert gereizt auf Berührungen, da diese schmerzen. Eine Behandlung mit Antibiotika ist erfolgversprechend. Da die Symptome nicht immer alle gleichzeitig auftreten, oder nur einige der genannten, sollten Sie nach einem Zeckenbefall immer die Möglichkeit einer Borreliose in Betracht ziehen, wenn Ihr Hund vereinzelte Anzeichen wie Lahmheit etc. erkennen lässt.

Die FSME ist bei Hunden noch recht unerforscht und wahrscheinlich eher selten, um so dramatischer ist der fast immer tödlich endende Verlauf. Neben einem Temperaturanstieg zeigen sich im Verlauf der Erkrankung immer schwerere neurologische Ausfälle. Die Hunde plagen Bewegungsstörungen, Orientierungslosigkeit, Krämpfe und krampfartige Anfälle. Eine Behandlung ist derzeit nicht möglich! Die betroffenen Hunde müssen zu gegebener Zeit meist eingeschläfert werden. Eine Impfung auf der Basis von Humanimpfstoffen ist zur Zeit in einer Testphase, die zumindest den Mut macht, schon bald einen Hundeimpfstoff in den Händen zu halten.

Da für die genannten Infektionen keine vorbeugenden Maßnahmen bekannt sind, muss die Prophylaxe die Zecken angreifen, und hierzu gibt es einige wirkungsvolle Mittel.

Viele Antiflohmittel können auch zur Vorbeugung gegen Zeckenbefall eingesetzt werden, gerade kombinierte Zecken-Floh-Halsbänder werden immer sicherer. Trotzdem sollten Sie zu den gefährdeten Zeiten im Frühsommer bis Herbst lichte Wälder und Waldstellen meiden und Ihren Hund nach jedem Spaziergang gründlich nach Zecken, die vor Beginn des Blutsaugens sehr klein sind, absuchen. Die bevorzugten Stellen der Parasiten sind die Kopfregion bis zu den Achseln, an den Ohren und zwischen den Zehen. Finden Sie trotz aller Vorsichtsmaßnahmen eine Zecke, entfernen Sie diese vorsichtig mit einer Pinzette, am besten einer speziellen zur Zeckenentfernung. Greifen Sie die Zecke möglichst nahe am Kopf und drehen Sie sie langsam und ohne zu stark zu ziehen heraus. Dabei kontrollieren Sie unbedingt, dass Sie die Zecke vollständig mit Kopf entfernt haben. Sollte etwas in derWunde zurückgeblieben sein, kann es zu leichteren Entzündungen kommen, die meist schnell abheilen. Bedenken Sie: Je kürzer die Zecke in der Haut steckt, desto geringer ist die Wahrscheinlichkeit, dass sie Krankheitserreger überträgt!

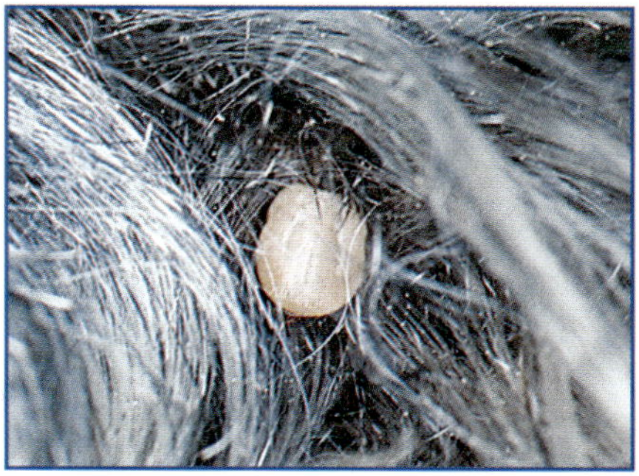

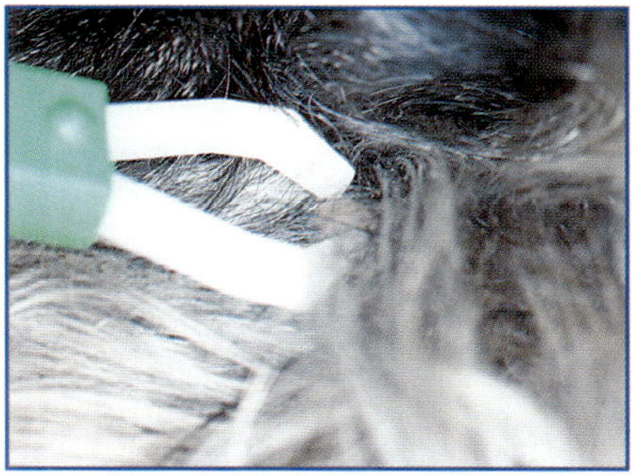

Entdecken Sie an Ihrem Hund eine Zecke, so ist es wichtig, dass Sie diese so schnell wie möglich entfernen. Am besten greifen Sie die Zecke mit einer speziellen Pinzette direkt hinter dem Kopf und ziehen sie heraus. Hier ist schön zu sehen, dass die Zecke im Ganzen sauber entfernt werden konnte.
Fotos: bede-Verlag

Eine Impfung gegen bestimmte Borrelioseerreger ist für Hunde seit einiger Zeit auf dem Markt und bietet nach der Grundimmunisierung, die aus zwei Spritzen im Abstand von drei Wochen besteht, bei jährlicher Auffrischung einen guten Schutz.

Räude

Hinter dem Oberbegriff „Räude" verbergen sich verschiedene durch Milben ausgelöste Hautkrankheiten. Obwohl die unterschiedlichen Milbenarten den Hund auf verschiedene Weise schädigen, ist die Symptomatik der Hautveränderungen stets die gleiche, denn die Hunde befällt immer ein starker Juckreiz. Die Ansteckungsgefahr ist unterschiedlich groß, die Heilung im allgemeinen einfach und unkompliziert.

Die Hunde-Räudemilben der Art *Sarcoptes canis* bohren Gänge in die Oberhaut der Hunde, der in den Gängen ausgeschiedene Kot löst den oftmals sehr starken Juckreiz aus. Der Befall beginnt meist an den Ohren und kann sich von dort über den gesamten Körper ausbreiten.Die Erkrankung ist äußerst ansteckend, befallene Hunde müssen bis zur vollständigen Heilung isoliert werden. Auch der Mensch kann von diesen Milben befallen werden, jedoch sterben sie auch unbehandelt nach kurzer Zeit ab, da der Mensch für sie nicht der richtige Wirt ist. Die Behandlung erfolgt nach Absprache mit dem Tierarzt durch Bäder und weitere Fellbehandlungen.

Raubmilben der Art *Cheyletiella yasguri* leben auf der Haut der Hunde. Sie durchleben hier ihren gesamten Entwicklungszyklus und ernähren sich von abgestorbenen Hautschuppen. Auf der Hundehaut zeigen sich durch das Kratzen Hautveränderungen in Form von dunkleren Schuppen und Verkrustungen. Die eigentlichen Gefahren liegen auch hier in den Sekundärinfekten der offenen Kratzstellen. Eine Behandlung mit Bädern und Desinfektionsmitteln dauert eine Wochen und löst das Problem vollständig.

Ein krankhafter Befall mit Demodex-Milben deutet auf eine Immunschwäche Ihres Hundes hin, denn diese in den Haarfollikeln lebenden Milben vermehren sich normalerweise nicht in einem pathologischen Ausmaß. Nur eine Schwächung der Immunabwehr gibt diesem Parasiten die Möglichkeit, sich ungehemmt zu vermehren und so zu dem typischen Bild eines Milbenbefalls zu führen. Da der Befall innerhalb des Organismus stattfindet, entstehen als Abwehrreaktion rote, teils eitrige Entzündungsherde, die sich vor allem am Kopf und den Pfoten befinden. Die Demodikose ist in einer lokalisierten, also eng auf einen Abschnitt begrenzten, und in einer generalisierten, auf den ganzen Hund verbreiteten, Form bekannt. Eine Ansteckung ist vom infizierten Muttertier auf die Welpen über die Muttermilch, nicht jedoch durch einfachen Körperkontakt möglich. Eine Behandlung der lokalisierten Form ist

Denken Sie dran!

Kleine Ektoparasiten, wie Milben, Zecken oder Flöhe, können Sie meist nur schwer erkennen. Sichtbar werden meist erst die Folgeschäden durch Sekundärinfektionen. Um dies zu verhindern, suchen Sie regelmäßig nach diesen Parasiten. Die Parasiten halten sich vorwiegend an wärmeren Körperstellen, in den Ohren oder Achseln auf.

So schön ein Spaziergang durch den Wald auch ist – hier lauern viele Parasiten auf Ihren Hund! Untersuchen Sie Ihren Setter deshalb nach jedem Spaziergang ganz genau nach Zecken und anderen Außenparasiten. Je früher Sie diese entfernen, desto geringer ist die Wahrscheinlichkeit, dass sie Krankheiten auf Ihren Hund überträgen! Foto: Yves Lanceau oftmals nicht notwendig. Weitet sich das Problem zur generellen Form aus, ist eine umfangreiche Behandlung mit speziellen Medikamenten zwingend. Ihr Tierarzt ist unbedingt zu Rat zu ziehen. Da die Demodikose nicht ausgeheilt, sondern nur zurückgedrängt werden kann, müssen Sie mit Rückschlägen rechnen, die durch eine erneute Immunschwächung Ihres Hundes, wie Stress, Trächtigkeit und andere Krankheiten ausgelöst werden können.

Darmparasiten

Die häufigsten Darmparasiten der Hunde sind Würmer, wobei mit Wurm keine biologische Art oder Gattung, sondern eine Organisationsstufe beschrieben wird. Unter Würmern verstehen wir längliche, im Querschnitt runde bis ovale, wirbellose Lebewesen von meist nur geringer Größe. Ihr Vorkommen im Darm bereitet meist nur bei stärkerem Befall Probleme und kann durch spezielle Wurmkuren leicht behandelt werden. Spulwürmer, auch Rundwürmer genannt, stellen gerade bei Welpen aufgrund ihrer Toxine eine Gefahr dar, Haken- und Peitschenwürmer sind ebenfalls eher für Welpen problematisch, Bandwürmer sind auch für ausgewachsene Hunde gefährlich.

Der Hundespulwurm, *Toxocara canis*, ist wohl der bedeutendste Darmparasit, immerhin gelten über 90 Prozent aller Welpen als infiziert. Typische Symptome sind Erbrechen und Durchfall, die Welpen haben keinen Appetit und magern als Folge stark ab, wobei gleichzeitig ein aufgedunsen wirkender Bauch zu beobachten ist. Während ihrer Entwicklung wandern die Spulwurmlarven durch die Darmwand in die Leber, von dort in die Lunge. Hier werden sie ausgehustet und ein Großteil der Würmer wird sofort wieder verschluckt, so gelangen die adulten Würmer zurück in den Darm, wo sie Ihre Eier legen, aus denen dann neue Larven schlüpfen. Die Stoffwechselprodukte der Wurmlarven können zu Allergien führen, das massenhafte Druchbrechen der Darmwand und Lungen kann diese Organe stark schädigen und zu Infektionen führen. Die Larven im Darm können sich derart stark vermehren, dass sie den Darm verschließen oder zumindest der Nahrung so viele Nährstoffe entziehen, dass sie für den Welpen nicht mehr genügt. Die dramatische Folge sind Unterernährung, Entwicklungsschäden und der Tod.

So bedrohlich sich die Situation hier darstellt, so einfach ist die Behandlung. Heutzutage stehen genügend Wurmmittel zur Verfügung, mit denen eine Behandlung einfach und effektiv ist. Entscheidend ist die Konsequenz der Behandlung, denn der Kreislauf zwischen der Infektion der Welpen mit der Muttermilch und umgekehrt der Mutter am Welpenkot kann nicht unterbrochen werden. Somit müssen Sie die Behandlung sowohl der Welpen, das erste Mal im Alter von circa zwei Wochen, als auch der Mutter und des Vaters regelmäßig wiederholen. Die verfügbaren Präparate unterscheiden sich geringfügig in der Anwendung, in der Regel entwurmen Sie alle 14 Tage. Um die Welpen nach der Stillzeit möglichst vollständig von den Würmern zu befreien, setzen Sie die Behandlung noch über ein bis zwei Monate fort. Erwachsene Hunde sollten halbjährlich entwurmt werden, leben Kinder im Haushalt, ist eine vierteljährliche Entwurmung ratsam. Menschen können sich infizieren, stellen für Spulwürmer aber Fehlwirte dar. Die Entwicklung der Würmer bleibt unvollständig, die Larven verkapseln sich in Muskeln und Organen, wo sie zu Unbeweglichkeit und Entzündung führen können. Eine Infektion ist allerdings nur über die Eier im Hundekot möglich.

Peitschenwürmer befallen alle Hunde, sind aber nur für Welpen und auch nur bei starkem Befall ein Problem. Als Blutsauger bohren sie sich in die Darmschleimhaut und saugen hier, was zu einer Blutarmut (Anämie) und als Folge zu einer allgemeinen Schwächung und Entwicklungsstörungen führen kann. Die Behandlung stellt keine Probleme dar, Sie erhalten entweder spezielle Wurmkuren oder nehmen ein breit wirkendes Mittel.

Hakenwürmer sind in unseren Breiten zwar nicht heimisch, jedoch im Mittelmeerraum verbreitet und deshalb auch für Ihren Hund zumindest im Urlaub ein Risiko. Die Ansteckung erfolgt über den Kot infizierter Hunde, die Würmer dringen über die Haut, bevorzugt an weniger behaarten Stellen, ein und wandern in den Dünndarm, aber auch in Herz, Lunge oder Luftröhre, wo sie sich an den Gefäßwänden festhaken und sich von Blut ernähren. Die Eintrittsstellen der Würmer infizieren sich, röten, schwellen leicht an und jucken. Vergrößern sich diese Stellen durch Kratzen, folgen Sekundärinfektionen. Die Hakenwürmer selbst schädigen gerade Junghunde und Welpen durch den massiven Blutverlust. Die eintretende Anämie schwächt die Hunde, hemmt ihre Entwicklung und führt somit zum Tod. Welpen können sich auch direkt mit der Muttermilch infizieren. Die Behandlung und Prophylaxe entspricht der bei einem Spulwurmbefall.

Bandwürmer unterschiedlicher Arten werden in der Regel nicht von Hund zu Hund übertragen, sondern benötigen für ihre vollständige Entwicklung Zwischenwirte, über die sie übertragen werden. Der Hundebandwurm, auch Gurkenkernbandwurm genannt, *Dipylidium caninum*, wird über infizierte Hundeflöhe und Haarlinge übertragen, wenn Hunde diese zerbeißen und schlucken. Die Zwischenwirte haben infektiöse Finnen der Bandwürmer in sich, aus denen sich im Hundedarm die adulten Bandwürmer entwickeln. Diese legen im Darm ihre Eier, vermehren sich aber auch ungeschlechtlich, indem sich einzelne Wurmglieder, die Proglottiden, abschnüren, die selbst zu infektiösen Finnen heranwachsen. Es sind diese Proglottiden, die einen Juckreiz am Anus verursachen, den der Hund durch das typische Rutschen auf dem Po zu lindern versucht. Die austretenden Bandwurmglieder können Sie mit bloßem Auge sehen und somit einen Befall schnell selbst diagostizieren. Schädigen können Bandwürmer sowohl heranwachsende Hunde und Welpen als auch erwachsene Hunde. Ferner belastet jeder Parasit das Immunsystem und eine Übertragung auf andere Hunde oder gar auf den Menschen ist sicher nicht erwünscht. Daher muss jede Bandwurminfektion schnell behandelt werden.

Neben dem Hundebandwurm können auch verschiedene Taenien-Arten, eine andere Gattung von Bandwürmern, den Hund befallen. Die Finnen dieser Arten finden Sie im Muskelfleisch infizierter Zwischenwirte. Zu diesen Zwischenwirten gehören so ziemlich alle Fleischlieferanten – auch Rinder und Schweine. Eine Infektion ist nur über frisches, rohes Fleisch möglich. Gekochtes oder tiefgekühltes Fleisch (mindestens zwei Tage bei minus 20 Grad) ist nicht mehr infektiös.
Für den Menschen besonders gefährlich ist eine Infektion mit Bandwürmern der *Echinococcus*-Arten. Auch sie entwickeln sich über Zwischenwirte. Dient der Mensch als Zwischenwirt, so stellt er einen Fehlwirt dar. Es entwickeln sich in ihm die infektiösen Stadien, die Finnen, die beim Fuchsbandwurm, *Echinococcus multilocularis*, Kindskopfgröße erreichen können. Diese Finnen sind äußerst fragil, beinhalten tausende Bandwurmlarven und können tödliche Gewebeschäden, gerade in der Leber, verursachen. Besonders tückisch ist, dass die Proglottiden dieser Art mit dem bloßen Auge nicht sichtbar sind.
Hunde infizieren sich als Endwirte, der Befall stellt für sie keinen lebensbedrohlichen Zustand dar, eine Behandlung ist aber gerade auf Grund der gravierenden, meist tödlichen Folgen für den Menschen unbedingt notwendig. Die Infektion Ihres Hundes erfolgt über infiziertes Fleisch der Zwischenwirte, besonders von Nagetieren.
Alle Bandwurminfektionen lassen sich mit speziellen Wurmkuren behandeln. Eine regelmäßige Untersuchung ist ratsam, gerade vor Impfungen, denn auch eine kleine Schwächung des Immunsystems kann eine Impfung gefährlich machen!

Infektionskrankheiten

Infektionskrankheiten werden durch Viren, Bakterien oder Einzeller verursacht. Sie werden entweder direkt von Hund zu Hund oder über sogenannte Vektoren, zum Beispiel Zecken, übertragen. Ein defektes oder geschwächtes Immunsystem begünstigt eine Infektion ebenso wie Wunden in der Haut, die das Eindringen der Keime erleichtern. Neben verschiedenen, erregerspezifischen Symptomen gehen Infektionskrankheiten meist mit hohem Fieber einher.

Bakterielle Infektionen

Leptospirose

Die verbreitetste Form der Leptospirose ist die Stuttgarter Hundeseuche. Die bakteriellen Erreger werden von Einzellern übertragen, die vor allem in stehenden Gewässern vorkommen. Eine Infektion von infizierten Hunden auf andere ist über Urin und Speichel ebenfalls möglich. Nach einer Inkubationszeit von wenigen Tagen bis zu drei Wochen zeigen sich als Folge einer schweren Magen-Darm-Entzündung starkes Erbrechen, teils blutiger Durchfall und Fieber über 40° C. Es kann in schweren Fällen zu Nieren- und Leberentzündungen mit Symptomen einer Gelbsucht kommen. Auch im Maul machen sich geschwürartige Entzündungen breit, die von einem fauligen Mundgeruch begleitet werden. Die Hinterläufe werden unbeweglich und zeigen Lähmungserscheinungen.

Die Behandlung ist erfolgversprechend, wenn die Diagnose früh gestellt wird und noch keine Organe geschädigt sind. Leider ist ein Organversagen meist das erste Anzeichen der Infektion. Es muss jedoch gar nicht erst zu einer Infektion kommen, da wirksame Impfstoffe erhältlich sind.

Zwingerhusten (Tracheobronchitis)
Der Zwingerhusten ist eine Mischinfektion von Viren (häufig Parainfluenza-Viren) und Bakterien (meist *Bordetella bronchiseptica*), die sich auf die Luftröhre und die Bronchien beschränkt. Unbehandelt führt diese Infektion zu einer schweren Lungenentzündung mit Sekundärinfektionen, die sich durch die Grundschwächung des Immunsystems ausbreiten. Ansteckungsorte finden sich überall dort, wo viele Hunde gemeinsam auf engem Raum zusammentreffen, vor allem in Tierheimen und Hundehandlungen, aber auch auf Ausstellungen und Hundeplätzen.
Eine Behandlung ist erfolgversprechend, solange die Sekundärinfektionen nicht zu schwer sind. Die Behandlung richtet sich gegen den bakteriellen Erreger. Eine Impfung gegen Zwingerhusten ist auf Grund der unterschiedlichen Erreger zwar umstritten, aber durchaus ratsam. Die Vakzine ist ein Mischpräparat gegen die häufigsten Auslöser und somit auch therapeutisch sinnvoll.

Virusinfektionen

Ansteckende Leberentzündung
(Hepatitis contagiosa canis, H.c.c.)
Die ansteckende Hepatitis, die durch sämtliche Körperflüssigkeiten und somit auch reinen Körperkontakt übertragen wird, kann sehr unterschiedlich verlaufen. Neben Fällen, bei denen die Hunde nach wenigen Stunden bis einigen Tagen ohne typische Symptome sterben, kann die Krankheit auch subakut verlaufen. Hierbei fiebert der Hund leicht, sein Zustand verbessert sich wieder und er zeigt im Anschluss eine ein- bis zweiwöchige, einseitige und meist selbstheilende Hornhauttrübung. Akute Krankheitszeichen sind ein hoher Fieberanstieg, ein apathisches Verhalten und Nahrungsverweigerung. Nach einem ersten, meist einwöchigen Fieberanfall verbessert sich der Zustand des Hundes zu-

Besonders an Orten, an denen viele Hunde zusammenkommen, ist die Ansteckungsgefahr mit Zwingerhusten hoch. Lassen Sie Ihren Hund unbedingt dagegen impfen, wenn Sie an Wettkämpfen und Zuchtschauen teilnehmen. Foto: Archiv bede-Verlag nächst, um sich anschließend entscheidend zu verschlechtern. Als weitere Symptome können nun auch Erbrechen und blutiger Durchfall hinzukommen. Auch nach erfolgreicher Behandlung, die vom Tierarzt stark dem Einzelfall angepasst werden muss, kann vor allem eine Gelbsucht als Spätschaden zurückbleiben. Die regelmäßige Impfung bewahrt Ihren Hund sicher vor den dramatischen Verläufen der Infektion.

Denken Sie dran!

Verpassen Sie nicht die Termine für notwendige Auffrischimpfungen. Auch wenn die Hersteller für bestimmte Impfstoffe Angaben machen, der Schutz halte 12 bis 24 Monate, ist eine jährliche Auffrischung für alle Impfungen wichtig. Impfungen stärken das Immunsystem insgesamt und sind eine notwendige und sinnvolle Gesundheitsvorsorge.

Parvovirose

Diese gerade für Welpen und Junghunde lebensbedrohliche Viruserkrankung wird nur von Hund zu Hund über Ausscheidungen übertragen.
Die Erreger schädigen die Darmzotten, was zu blutigen Durchfällen führt, auch Erbrechen ist ein Anzeichen für die Infektion. Bei jungen Hunden kann eine Herzmuskelentzündung den Zustand verschlechtern, die mit plötzlichem Herzversagen enden kann.
Die Behandlung ist je nach Alter und Schwere der Infektion mehr oder weniger hoffnungsvoll. Die Schutzimpfung ist ein Muss, und auch wenn sie nicht hundertprozentig schützen kann, wird der Krankheitsverlauf entscheidend gemildert. Gerade der Zeitpunkt der ersten Impfung kann Probleme bereiten, denn die ersten Antikörper erhalten die Welpen durch die Muttermilch. Wird zu früh geimpft, werden die Antikörper verbraucht und der Welpe produziert nicht schnell genug einen eigenen Abwehrschutz. Impfen Sie zu spät, entsteht ebenfalls eine Immunlücke, da sich die Antikörper der Mutter nicht so lange im Kreislauf des Welpen halten. Glücklicherweise gibt es inzwischen spezielle Frühimpfstofe zur Welpenbehandlung, die genau dieses Problem umgehen. Sprechen Sie mit Ihrem Tierarzt über diese Möglichkeit.

Staupe

Die Staupe, eine Virusinfektion, deren Infektionsquellen neben infizierten Hunden auch verschiedene Wildtiere sind, verläuft in verschiedenen, charakteristischen Schüben. Je nach Ausprägung durchläuft der Hund alle oder nur einige der genannten Stadien, aber immer mit der katarrhalischen Form beginnend. Bei der katarrhalischen Form erhöht sich die Körpertemperatur des Hundes kurze Zeit nach der Infektion stark, aber nur sehr kurz und ist dadurch für den Besitzer kaum merklich. Die Entzündung verschiedener Schleimhäute bleibt meist subakut. Nach einer Woche folgt ein zweiter, heftiger Fieberschub, der mit einer Lungenentzündung einhergeht.

Der eitrige Augen- und Nasenausfluss ist nun unübersehbar. Erfolgt in diesem Stadium keine Behandlung, ist eine Heilung und selbst ein Überleben des Hundes beinahe aussichtslos. Jedoch kann bei ausgebrochener Staupe nie mit einer vollständigen Genesung Ihres Hundes gerechnet werden. Manchmal kommt es nun zu einer starken Verhornung der Ballen.
Die zentralnervöse Phase schließt sich entweder an die katarrhalische Phase an, der Hund kann aber auch bis hier beinahe symptomlos bleiben. Zu den schon genannten, jetzt wiederkehrenden Symptomen kommen nun zentralnervöse Störungen in Form von Bewegungsunfähigkeit, Koordinationsschwierigkeiten und starken Krämpfen. In diesem Stadium sterben die Hunde meist sehr schnell. Der sogenannte Staupetick, ein nervöses Kopfzucken, ist der Spätschaden für die, die dieses Stadium überleben. Überleben junge Hunde die Staupe, können ihre Zähne starke Schäden am Zahnschmelz zeigen, wenn sie die Infektion im dritten bis vierten Lebensmonat durchmachen. Zu dieser Zeit befindet sich das spätere Gebiss gerade im Aufbau und kann durch die Infektion geschädigt werden, man spricht dann vom Staupegebiss.
Manchmal können Sie in der Literatur noch von Spätfolgen der Staupe lesen, wonach sehr alte Hunde, die eine Staupe überlebten, zunehmend unter einem spürbaren Intelligenzverlust und motorischen Störungen leiden. Ob hier wirklich ein Zusammenhang besteht, ist zumindest fraglich. Die einfache Vorsorge ist die planmäßige Impfung, die Ihrem Hund einen ausreichenden Schutz bietet.

Tollwut
Obwohl die Tollwut, die durch einen Virus übertragen wird und zur Infektion über den Speichel in eine offene Wunde gelangen muss, heutzutage sehr selten geworden ist, ist sie immer noch zu Recht gefürchtet, denn eine Heilung ist nicht möglich! Die Viren wandern nach der Infektion zum Gehirn des Hundes und von dort in die Speicheldrüsen. Um sich dem Immunsystem zu entziehen, gelangen die Viren nicht über das Blut, sondern über die Nervenbahnen an ihr Ziel. Am lebenden Hund kann somit keine Tollwut nachgewiesen werden! Umso wichtiger ist ein perfekter Impfschutz, denn liegt die letzte Impfung auch nur einen Tag mehr als 365 Tage zurück, kann Ihr Hund auf amtstierärztliche Weisung hin getötet werden, wenn er zuvor Kontakt mit einem tollwutverdächtigen Tier gehabt hat! Erreichen die Viren das Gehirn, treten Veränderungen auf, die den Hund speicheln und aggressiv werden lassen – doch bei weitem nicht alle infizierten Hunde zeigen diese Symptome. Je nachdem wie weit entfernt vom Gehirn die Viren in den Kreislauf eintreten, kann die Inkubationszeit bis zu einige Monate betragen. Nach Ausbruch der Krankheit tritt der Tod meist innerhalb weniger Tage ein.
Auch wenn die Tollwut weitgehend zurückgedrängt wurde, müssen Sie Ihren Hund unbedingt und unbedingt pünktlich impfen lassen. Die Krankheit ist auf den Menschen übertragbar und auch für uns tödlich. Notieren Sie sich den Impftermin im Kalender, denn eine Infektion endet immer tödlich.

Pseudowut (Aujeszkysche Krankheit)
Eine sehr seltene, der Tollwut in ihrer Symptomatik ähnliche Erkrankung ist die Pseudowut. Der starke Speichelfluss und Schluckbeschwerden erinnern an die Tollwut, die Hunde verspüren zudem einen starken Juckreiz am gesamten Körper. Die Krankheit endet immer tödlich, eine Infektion ist aber nur über rohes Schweinefleisch möglich. Eine weitergehende Prophylaxe, als niemals rohes Schweinefleisch zu füttern, ist nicht notwendig.

Einzellerinfektionen

Toxoplasmose
Die Erreger der Toxoplasmose sind Einzeller der Art *Toxoplasma gondii*, deren Stammwirt Katzen sind. Hier bilden sie infektiöse Dauerformen, eine Ansteckung Katze auf Hund ist jedoch selten, eher werden Hunde durch rohes Schweine- oder Rindfleisch infiziert. In Hunden bilden sich keine infektiösen Stadien, ein erkrankter Hund stellt somit keine Gefahr für den Menschen dar.
Leidet ein trächtiges Weibchen an Toxoplasmose, so kann es zu Fehlgeburten und Missbildungen der Föten kommen. Gesunde Hunde bleiben oft symptomfrei. Die Einzeller bilden Dauerformen in Organen und Muskeln, die bei abwehrgeschwächten Hunden zur Erkrankung führen. Die Symptomatik reicht dann von Apathie, über Magen-Darm-Beschwerden bis zu zentralnervösen Störungen. Die Behandlung ist mit Antibiotika möglich.

Einzellige Darmparasiten
Kokzidien und Giardien sind Einzeller, die sich in den Darmzellen einnisten und nur bei immunschwachen oder jungen Hunden zu ernsteren Problemen durch starken Durchfall führen. Normalerweise sind erwachsene Hunde immun und zeigen, wenn überhaupt, bei einer Infektion einen dünnen Stuhl. Die Erreger sind nicht immer und nur schwer im Kot nachweisbar. Eine Diagnose ist somit recht schwierig, sollte Ihr Hund jedoch an unerklärbarem Durchfall leiden, gerade wenn er häufiger an öffentlichen Stellen baden geht, denken Sie auch an eine solche Infektion. Die Behandlung durch Ihren Tierarzt ist meist unproblematisch.

Gegen die gefährlichsten Virusinfektionen gibt es heutzutage wirksame und ungefährliche Impfstoffe. Seinem Hund diesen Schutz vorzuenthalten, wäre fahrlässig. Foto: S. Hintzen

Die richtig eingesetzte Erste Hilfe kann Leben retten – dies gilt bei Menschen genauso wie bei Hunden. In vielen lebensbedrohlich wirkenden Situationen können Sie Ihrem Hund durch einfache Handgriffe sowohl direkt das Leben retten und weitere Behandlungen unnötig machen, genauso helfen aber auch erste Maßnahmen, um eine gefährliche nicht in eine lebensbedrohliche Situation ausufern zu lassen. Wichtig ist für Sie und Ihren Hund, dass Sie die Gefahrensituation erkennen und in der Lage sind, entsprechend zu handeln. Hierbei ist es an Ihnen, eine erste Verdachtsdiagnose aufzustellen und die zuvor beschriebenen Körperfunktionen wie Temperatur, Herzschlag und Atmung zu kontrollieren. Die folgenden Erste-Hilfe-Maßnahmen helfen Ihnen in den am häufigsten vorkommenden Gefahrensituationen weiter. Sie sollten sich mit Ihnen vertraut machen.
Wie immer ist die Vermeidung dieser Gefahren der beste Weg, Ihren Hund gar nicht erst in eine bedrohliche Situation kommen zu lassen. Da Sie dies aber nie ausschließen können, sollten Sie die beschriebenen Erste-Hilfe-Maßnahmen schon als „Trockenübungen" mit Ihrem Hund exerzieren, damit Sie beide im Notfall gut auf die lebensrettenden Handgriffe vorbereitet sind und Ihre Unerfahrenheit nicht zum zusätzlichen Risikofaktor wird.

Was Sie im Notfall unbedingt zu Hause haben sollten

Der Erste-Hilfe-Koffer für Ihren Hund ist ähnlich aufgebaut wie Ihr eigener, den Sie zum Beispiel aus Ihrem Auto kennen. Er sollte immer griffbereit und einsatzfähig sein. Die folgenden Utensilien muss der Koffer unbedingt beinhalten:

- **Verbandszeug, bestehend aus Baumwoll-Watte, Mullbinden, Endlospflaster, selbstklebenden Verbänden, sterilen Auflagen und Kompressen, Tupfern und mehreren Bandagen unterschiedlicher Länge und Breite**
- **verschiedene Desinfektionsmittel, wie Jodtinktur, Alkohol und Mercurochrom**
- **antiseptische Salben und Puder**
- **zum Applizieren der Medikamente benötigen Sie Pipetten und Spritzen (ohne Kanüle)**
- **Pinzetten, eine Zeckenpinzette, eine Verbandsschere, ein digitales Fieberthermometer und Heiß-/-Kaltkompressen**

Ferner sollten Sie die Telefonnummer Ihres Tierarztes immer griffbereit haben. Viele Tierärzte sind für Sie in Notfällen rund um die Uhr verfügbar und geben Ihnen auch ihre Mobilfunk-Nummer, falls vorhanden. Sollte Ihr Tierarzt nicht immer erreichbar sein, lassen Sie sich die Nummer und Adresse einer Notbereitschaft geben. Erkundigen Sie sich beim Urlaub Ihres Arztes nach einer Vertretung und machen Sie sich mit der schnellsten Anfahrt dorthin vertraut, denn im Notfall zählt jede Sekunde, die nicht mit der Suche im Stadtplan vergeudet werden darf. So gerne Ihnen Ihr Tierarzt sicher zu jeder Tages- und Nachtzeit hilft, so wenig erfreut wird auch er mitten in der Nacht über einen Fehlalarm sein. Stellen Sie deshalb mit Ihren Möglichkeiten sicher, dass es sich um einen wirklichen Notfall handelt. Sichere Zeichen hierfür sind:

- ❑ **ein unnatürlich helles Zahnfleisch**
- ❑ **ein fester, verspannter Bauch**
- ❑ **Bewusstlosigkeit**
- ❑ **Blutungen aus Körperöffnungen, Blut in Stuhl oder Urin**
- ❑ **stark blutende Verletzungen**
- ❑ **starke Schmerzen bei Druck auf den Körper oder beim Bewegen der Glieder**
- ❑ **die Unfähigkeit, ohne Hilfe zu stehen**
- ❑ **verlangsamte Atmung und Herzschlag, ebenso eine deutliche Beschleunigung**
- ❑ **Verletzungen am Auge**
- ❑ **starker Brechdurchfall**

Wenn der Ernstfall eingetreten ist

Das Wichtigste für Sie und Ihren Hund ist, erst einmal die Ruhe zu bewahren. Auch wenn Sie voll Sorge sind und schnell helfen wollen, behalten Sie einen klaren Kopf und vor allem agieren Sie nicht hektisch. Jede Unruhe überträgt sich auf Ihren Hund und macht auch ihn zu einem unberechenbaren Patienten. So lieb und ruhig Ihr Hund auch im gesunden Zustand ist, hat er ernsthafte und dazu womöglich noch schmerzhafte Gesundheitsprobleme, kann auch er einmal zubeißen und nicht sehr kooperativ sein. Um in dieser Ausnahmesituation die Belastungen für ihn zu verringern, der dringende Rat, die wichtigsten Handgriffe schon im Vorfeld zu erproben. Hierzu gehört an erster Stelle das Anlegen des Notfallmaulkorbs.

Der Notfallmaulkorb

Ein Hund, der Schmerzen hat und sich in einer Stress- oder gar Paniksituation befindet, beißt schnell nach allem, was sich ihm nähert. Wollen Sie einem Hund in dieser Situation helfen und sich ungefährdet nähern, muss ihm ein Maulkorb angelegt werden, wenn nicht der Tierarzt zur Stelle ist und ein Beruhigungsmittel spritzen kann. Da Sie nicht unbedingt einen eigenen Maulkorb besitzen oder ihn immer bei sich tragen, können Sie einen Notfallmaulkorb als voll funktionsfähiges Provisorium schnell selbst fertigen und anlegen. Sie benötigen hierzu lediglich ein circa ein Meter langes Stück reißfesten Stoff, nur im Notfall nehmen Sie eine Schnur. Die Schnur darf nicht zu dünn sein, um den Hund nicht durch Einschnüren zu verletzen. Dinge, die sich gut eignen und fast immer schnell zu bekommen sind, sind die Hundeleine, eine Krawatte, ein Schal oder ähnliches. Die einzelnen Schritte der Reihenfolge nach:

Fertigen Sie in der Mitte Ihres Bands eine Schlaufe, indem Sie einen lockeren, einfachen Knoten binden.

Ziehen Sie diese Schlaufe über den Fang des Hundes und ziehen den Knoten auf dem Nasenrücken fest. Aber vorsichtig, ohne gebissen zu werden! Dies ist der einzige heikle Moment für Sie!

Nun verknoten Sie das Band ein zweites Mal unter dem Unterkiefer und ziehen wieder fest zu.
Sollte die Situation ein zweimaliges Verknoten nicht erlauben, lassen Sie den ersten Knoten einfach weg und verknoten die Schlinge einmal unterhalb des Fanges.
Um den Maulkorb zu fixieren, führen Sie die beiden Enden nun unter den Behängen in den Nacken und machen dort ebenfalls zwei feste Knoten – der Notfallmaulkorb ist fertig angelegt!
Diese Prozedur ist für den Hund nicht unangenehm, sondern nur ungewohnt. Üben Sie deshalb mit ihm das Anlegen, damit sie beide mit der Technik vertraut sind.
Bedenken Sie bitte, dass ein Maulkorb die Atmung beeinträchtigt und auch ein Erbrechen behindert. Kontrollieren Sie dies, um ein Ersticken zu verhindern, und legen Sie einem erbrechenden Hund niemals einen Maulkorb an.

Wiederbelebung

Setzt bei Ihrem Hund die Atmung oder der Herzschlag, im schlimmsten Fall beides aus, muss sofort mit der Wiederbelebung begonnen werden. Achten Sie während der Maßnahmen darauf, dass der Hund nicht auskühlt. Hüllen Sie ihn zum Beispiel in eine Decke ein. In jedem Fall alarmieren Sie zu Ihren eigenen Bemühungen noch den Tierarzt.
Setzt allein die Atmung aus, legen Sie den Hund zunächst auf die Seite, kontrollieren Sie, ob ein Fremdkörper die Atemwege verschließt und entfernen Sie ihn (siehe auch „Ersticken"). Atmet der Hund wieder normal, ist der Notfall überstanden; setzt die Atmung nicht wieder ein, beginnen Sie mit der Mund-zu-Nase-Beatmung. Durchschnittlich atmet ein Hund ungefähr 20-mal pro Minute. An diesem Wert orientieren Sie sich auch bei der Beatmung, das heißt, alle drei Sekunden füllen Sie die Lungen des Hundes mit Luft. Dazu setzen Sie Ihren Mund auf die Nase des Hundes, halten sein Maul zu und atmen in die

Unfälle passieren immer unerwartet. Gerade deshalb ist es so wichtig, sicher bei der Ersten Hilfe zu sein.
Foto: Yves Lanceau

Hundenase aus. Nach jeder Beatmung öffnen Sie das Maul des Hundes und ziehen seine Zunge hervor, um ihm ein freies, eigenständiges Atmen zu ermöglichen. Falls Sie den direkten Kontakt mit der Hundenase vermeiden wollen, legen Sie ein dünnes Tuch (Taschen- oder Haushaltstuch) über die Hundeschnauze. Beatmen Sie den Hund so lange, bis er wieder selbst atmet, und beobachten Sie ihn weiterhin gründlich. Setzt die Atmung auch nach einigen Minuten nicht wieder ein, kann nur der Tierarzt weiterhelfen, den Sie auf jeden Fall alarmieren müssen, auch bei erfolgreicher Beatmung.

Denken Sie dran!

In einer Notfallsituation kommt es nicht nur auf Ihr Wissen an, sondern auch darauf, dass Sie ruhig bleiben und sich nicht von der Hektik der Situation anstecken lassen. Hierbei hilft Ihnen die Übung und das Wissen um die notwendigen Handgriffe. Am besten üben Sie die wichtigsten Erste-Hilfe-Maßnahmen mit Ihrem Hund.

Setzt allein der Herzschlag aus, werden wir eine Herzmassage durchführen. Hierzu legen Sie den Hund auf die rechte Körperseite. Ist der Hund sehr klein und können Sie den Brustkorb mit einer Hand umfassen, drücken Sie einfach Ihre Hand im Bereich der dritten bis sechsten Rippe von beiden Seiten zusammen. Ist der Hund größer, legen Sie ihre eine Hand flach auf die Rippen der linken Körperseite, wieder zwischen der dritten und sechsten Rippe, und drücken mit der anderen Hand auf ihre untere Hand. Das Hundeherz schlägt etwa so häufig wie bei uns Menschen, also 80- bis 100-mal in der Minute. Diese Frequenz sollten auch Ihre Wiederbelebungsversuche haben. Fahren Sie mit Ihren Bemühungen fort, bis das Herz wieder von alleine schlägt, und beobachten Sie den Hund weiterhin sorgfältig. Den Tierarzt sollten Sie in jedem Fall verständigen.

Fallen sowohl die Atmung als auch der Herzschlag aus, verfahren Sie entweder so, wie oben beschrieben, wenn Ihnen ein Helfer zur Seite steht, so dass jeweils einer von Ihnen die Herzmassage oder die Beatmung übernehmen kann, oder Sie müssen einen Kompromiss eingehen. Wechseln Sie zwischen Beatmung und Herzmassage in einem ständigen Wechsel zwischen zweimal beatmen und achtmal Druck auf den Brustkorb. Ideal wäre ein Zyklus von zehn Malen pro Minute, versuchen Sie zumindest alle zehn Sekunden einen Zyklus abzuschließen.

Sollte Ihr Hund trotz aller Bemühungen nicht wiederzubeleben sein, müssen Sie sich mit dem Schicksal abfinden. Eindeutige Zeichen dafür, dass jede weitere Hilfe zu spät kommt, sind geweitete Pupillen, blau angelaufenes Zahnfleisch, eine blaue Zunge und das Fehlen jeglicher Reflexe.

Ersticken

Befindet sich Ihr Hund in einer Situation, in der er zu ersticken droht, ist schnellste Hilfe erforderlich. Deutliche Anzeichen dafür, dass Ihr Hund zu wenig oder gar keine Luft bekommt, sind neben dem sichtbaren Unvermögen, frei durchzuatmen, auch starker Speichelfluss und später eine Blaufärbung der Zunge. Die häufigsten Ursachen für Erstickungsanfälle sind Schwellungen oder Fremdkörper im Rachenraum, am Zungengrund oder in der Luftröhre. Um die tatsächliche Ursache herauszufinde, fixieren Sie den Hund zwischen Ihren Beinen und öffnen sein Maul vorsichtig um ihm in den Hals sehen zu können. Ziehen Sie seine Zunge leicht heraus, um auch Fremdkörper im hinteren Rachenbereich erkennen zu können. Haben Sie das störende Teil entdeckt, versuchen Sie es mit einem stumpfen Gegenstand, am besten einer Pinzette, zu entfernen. Kleinere Hunde können Sie auch an den Hinterbeinen packen und auf den Kopf stellen. Sollte sich der Gegenstand so nicht entfernen lassen, fahren Sie schnellstmöglich zum Tierarzt und beatmen Ihren Hund notfalls Mund-zu-Nase (siehe „Wiederbelebung"). Gerade spitze Gegenstände wie Fischgräten, Röhrenknochen von Geflügel oder auch kleine und leicht splitternde Rinder- oder Schweineknochen bleiben gerne im Hals stecken und können nicht ohne weiteres entfernt werden, wie unter „Fremdkörper" noch beschrieben wird.

Entdecken Sie keinen Fremdkörper im Hals des Hundes, so sitzt er entweder zu tief oder der Erstickungsanfall ist auf eine Verengung der Luftröhre zurückzuführen. In den meisten Fällen ist das Anschwellen der inneren Schleimhäute eine allergische Reaktion, die mit Antihistaminen schnell behandelt werden kann. Ein Antihistaminikum gehört in den Erste-Hilfe-Koffer jedes allergisch reagierenden Hundes. Eine erste Dosis sollten Sie sofort verabreichen, der Besuch beim Tierarzt muss gleich im Anschluss erfolgen.

Ertrinken

Jeder Hund kann von Geburt an schwimmen, so auch Welpen. Zu lebensbedrohlichen Situationen im Wasser kann es dann kommen, wenn das rettende Ufer oder der Ausgang aus einem künstlich angelegten Gewässer, beispielsweise ein Swimmingpool, nicht mehr erreicht werden kann, der Hund ermüdet und ihn seine Kräfte verlassen. Dies ist naturgemäß bei jungen und älteren Hunden besonders schnell. Für kleinere Hunde sind zudem manche Auswege nicht

In seinem Wassereimer wird der kleine Gordon Setter sicher nicht ertrinken. Welpen können aber ihre Kräfte schlecht einschätzen. Achten Sie besonders gut auf Ihren Kleinen, wenn er ins Wasser geht!
Foto: I. Francais

erreichbar, die ein größerer Hund mit Leichtigkeit für sich nutzen kann. Auch Gewässer mit starker Strömung können eine ernste Gefahr darstellen. Kritisch ist der Zustand dann, wenn der Hund längere Zeit untergeht und viel Wasser schluckt oder gar in die Lungen bekommt. Bewusstlosigkeit und ein schnelles Ertrinken sind die Folge. Retten Sie einen ertrinkenden Hund aus dem Wasser, schauen Sie zunächst nach, ob sich Gegenstände in seinem Mund und Rachenraum befinden. In stark bewachsenen oder verdreckten Gewässern kann der Hund allerlei Unrat und Wasserpflanzen geschluckt haben, die eine Wiederbelebung und ein normales Atmen unmöglich machen. Entfernen Sie die Gegenstände und pumpen Sie das Wasser aus den Lungen des Hundes. Kleinere, leichtere Hunde können Sie an den Hinterbeinen greifen und nach unten hängen lassen, das Wasser kann nun normal abfließen.
Größere und schwerere Hunde legen Sie auf die Seite, möglichst ist der Kopf hierbei tiefer gelegen als der Körper, und pressen mit der flachen Hand auf den Brustkorb, so dass das Wasser ebenfalls abfließen kann. Sollte der Hund nun nicht von selbst anfangen zu atmen, beginnen Sie mit den bereits beschriebenen Wiederbelebungsmaßnahmen.

Insektenstiche

Gefährlich werden in der Regel nur Stiche von Wespen oder Bienen, wenn Ihr Hund allergisch reagiert oder in den Mund-Rachenraum gestochen wird. Ein Insektenstich schmerzt den Hund und Sie werden leicht feststellen können, wo Ihr Hund gestochen wurde. Sehen Sie sich die Stelle genau an und entfernen Sie bei Bienenstichen vorsichtig den Stachel, ohne dabei auf den zurückgebliebenen Giftsack zu drücken, was nur noch mehr Gift in die Wunde bringen würde. Ideal ist eine spitze Pinzette. Desinfizieren Sie den Einstich und geben eine kühlende Salbe auf die Stelle. Sollte Ihr Hund in den Kopf und vor allem in Mund, Nase, Zunge oder gar weiter hinten im Rachen gestochen worden sein, suchen Sie sofort einen Tierarzt auf. Durch ein Anschwellen des Stichs besteht hierbei eine ernste Erstickungsgefahr. Ebenso sollten Sie sofort den Tierarzt besuchen, wenn Ihr Hund allergische Reaktionen auf den Stich zeigt. Meist schwillt schon die Einstichstelle unnatürlich stark an. Gefährlich wird es aber erst, wenn Sie im Bereich des Kopfes eine Schwellung feststellen und das Zahnfleisch des Hundes blass wird. Hier kann ein Schockzustand unmittelbar bevorstehen. Lassen Sie sich von Ihrem Tierarzt ein Antihistaminikum für Ihren Hund verschreiben, das Sie im Notfall verabreichen können und das erste Linderung verschafft. Gerade bei einer bekannten Allergie gegen Insektenstiche kann dies lebensrettend sein.

Vergiftungen

Vergiftungen können die unterschiedlichsten Ursachen haben und es gilt zur adäquaten Weiterbehandlung vor allem, die Vergiftungsursache und somit das Gift ausfindig zu machen. Die Symptome sind bei den meisten Vergiftungen relativ gleich. Der Hund zeigt einen erhöhten Speichelfluss meist zusammen mit heftigem Erbrechen und Durchfall, des weiteren finden Sie oft Schleim-

hautblutungen. Hinzu kommen je nach Schwere der Vergiftung weitere körperliche Ausfallerscheinungen wie Gleichgewichtsstörungen, Krämpfe und häufig eine allgemeine Schwäche. Zwei Dinge haben nun absolute Priorität: Die Ursache der Vergiftung herausfinden und einer Verschlechterung des Zustands entgegenwirken.
Bevor Sie lange überlegen, wo und wie sich Ihr Hund vergiftet hat, sollten Sie Ihren Hund beruhigen, so weit das in solch einer Situation möglich ist, und die normale Körperabwehr wie Erbrechen und Durchfall unterstützen. Verabreichen Sie kein brechreizförderndes Mittel! Viele Mittel können die Wirkung verschiedener Gifte noch verstärken! Versuchen Sie nun, dem Übel auf die Spur zu kommen, und überlegen, was der Hund alles gefressen hat. Waren Sie mit ihm spazieren, hat er an etwas geleckt oder an Pflanzen geknabbert, die Sie nicht kennen? Alle diese Überlegungen helfen dem Tierarzt, die Ursache herauszufinden. Auch der Verzehr von Schokolade kann beim Hund zu schweren Vergiftungen führen! Grundsätzlich dürfen Sie Ihren Hund nie mit Lebensmitteln und Süßigkeiten füttern, die für uns Menschen hergestellt und nicht für Hunde bestimmt sind.

Fremdkörper

Fremdkörper sind alle Gegenstände, die der Hund verschlingt, die aber alles andere als geeignete Nahrung für ihn sind und in Rachen, Magen oder Darm zu ernsthaften Schäden bis hin zum Tod führen. Achten Sie unbedingt darauf, was Ihr Hund frisst, was sich an kleineren, verschluckbaren Teilen in seiner Reichweite befindet und womit er sich zu Hause und bei Spaziergängen beschäftigt.
Viele Unfälle passieren mit essbaren Gegenständen. Der berühmte Röhrenknochen im Geflügel, der leicht splittert und entweder im Rachen stecken bleibt und zum Ersticken führen kann oder erst im Magen-Darm-Trakt schwere innere Verletzungen verursacht, oder die Fischgräte mit gleichen Folgen. Aber auch Rinderknochen sind nicht ungefährlich. Zu kleine Knochen können verschluckt werden und sich im Rachen quer stellen und auch Rippchenknochen haben eine ähnlich spröde Konsistenz wie Röhrenknochen. Am sichersten ist es, wenn Sie Ihren Hund überhaupt nicht mit echten Knochen füttern.
Gerne gefressen werden auch alle Verpackungsmaterialien, die noch nach den darin verpackten Lebensmitteln riechen. Wenn die eingepackte Wurst auf dem

Für eine Hundenase ist alles interessant – auch die Blüten am Wegesrand. Leider sitzen genau hier häufiger stechende Insekten und die Nase eines Hundes ist besonders empfindlich... Foto: S. Hintzen

Tisch liegt, macht sich sicher kein Hund die Mühe, sie erst auszupacken, sondern verschlingt das ganze Paket. Diese Verpackungen, die meist aus Plastik sind, können nicht verdaut werden und im schlimmsten Fall werden sie auch nicht erbrochen oder ausgeschieden, sondern verschließen den Magen-Darmtrakt.
Es sind aber nicht nur solch naheliegende Gegenstände, an denen sich vor allem junge, unerfahrene Hunde und Welpen vergehen. Die unvermutetsten Dinge mussten schon aus Hundemägen herausoperiert werden, weshalb Sie besonders darauf achten müssen, kleine Gegenstände sorgsam zu verstauen.
Zeigt der Hund Erstickungsanfälle, verfahren Sie wie beschrieben. Versuchen Sie jedoch niemals spitze Gegenstände wie Gräten oder Knochen selbst aus dem Rachen zu entfernen. Beim Herausziehen richten Sie schnell noch größeren Schaden an. Steckt der Fremdkörper im Hals, so hinterlässt er auch nach dem Entfernen eine Wunde, die schnell durch Bakterien infiziert werden kann und so zu schweren Entzündungen führt. Diese Wunden müssen antibiotisch versorgt werden. Ziehen Sie einen Tierarzt zu Hilfe und überbrücken die Zeit im Notfall mit einer Mund-zu-Nase-Beatmung.
Ist der Fremdkörper im Magen-Darm-Trakt, so hat der Hund im Falle eines Verschlusses einen aufgebläht wirkenden Bauch und Schmerzen bei Berührung. Hier muss sofort der Tierarzt aufgesucht werden und der Gegenstand zur Not operativ entfernt werden. Leiten Sie in diesem Fall kein Erbrechen ein, wenn sich der Hund nicht schon übergibt. Der Fremdkörper könnte weitere Schäden beim Würgen und Passieren des Rachens verursachen. In jedem Fall müssen Sie den Tierarzt informieren.

Bisswunden und ähnliche Verletzungen

Die Schwere von Bisswunden und ähnlichen Verletzungen hängt vor allem davon ab, wie tief und groß die Wunde ist und wie stark sie blutet. Handelt es sich bei der Verletzung nur um eine oberflächliche Abschürfung, genügt eine ausreichende Säuberung und Desinfektion. Um einen Verband zu befestigen und eine Verunreinigung der Wunde durch das eigene Fell zu verhindern, sollten Sie das Fell an den Seiten der Wunde abrasieren. Stellen Sie eine tiefe Wunde fest, muss diese unbedingt von einem Tierarzt versorgt werden. Sie sollten die Wunde zunächst nur reinigen und desinfizieren, ein notdürftiger Verband sollte einer neuerlichen Verunreinigung vorbeugen. Blutet die Wunde stark, legen Sie eine Kompresse an, um einen stärkeren Blutverlust zu verhindern.
Suchen Sie in jedem Fall so schnell wie möglich einen Tierarzt auf, der die Wunde adäquat versorgen und die Nachbehandlung übernehmen kann. Bei leichteren Wunden genügt dies am nächsten Tag, schwerere Wunden müssen sofort weiterbehandelt werden.
Überprüfen Sie bei dieser Gelegenheit auf jeden Fall den bestehenden Tollwutimpfschutz Ihres Hundes, gerade bei Bissen von anderen Tieren.

Blutungen

Blutungen müssen schnell von Ihnen gestoppt werden können. Bei Bissen,

Wenn Sie beim Krallenschneiden nicht aufpassen, können Sie das Blutgefäß, das sich in jeder Kralle befindet, leicht verletzen. Dies schmerzt Ihren Hund und führt zu einer mehr oder weniger starken Blutung. Haben Sie für diesen Fall immer ein blutstillendes Puder zur Hand.
Foto: I. Francais

Schnitten oder ähnlichen Verletzungen, kann die Wunde sehr stark bluten und zu einem erheblichen Blutverlust führen, der auch tödlich enden kann. Um die Blutung zu stoppen, legen Sie eine Kompresse (Druckverband) an, die Bestandteil Ihrer Erste-Hilfe-Ausrüstung sein sollte. Haben Sie gerade keinen passenden Verband zur Hand, genügt auch normales Verbandszeug, das Sie fester anlegen sollten. Hierbei muss der Druck so stark sein sein, dass die Blutung gestoppt wird, aber noch locker genug, um die Durchblutung nicht zu unterbinden. Lockern Sie den Verband alle 15 Minuten, um die Durchblutung zu fördern und keine Körperteile abzuschnüren. Auf jeden Fall muss der Tierarzt die Wunde betrachten und sofort eingeschaltet werden. Auch kleinere Blutungen, die Sie selbst auch ohne Druckverband mit Wundsalbe oder Pulver zum Stillstand bringen können, sollten vom Tierarzt nachkontrolliert werden.

Elektrischer Schlag

Achten Sie gerade bei Welpen und heranwachsenden Hunden darauf, dass kein Stromkabel in ihre Nähe kommt oder sie längere Zeit unbeobachtet die Möglichkeit haben, auf einem Stromkabel herumzukauen. Es gibt inzwischen die unterschiedlichsten Möglichkeiten, Schutzschalter im Stromkreis einzubauen, die bei kleinsten Kurzschlüssen die Leitungen unterbrechen. Informieren Sie sich hierzu nach dem aktuellen Angebot bei Ihrem Elektrohändler. Ist Ihr Hund aber von einem elektrischen Schlag getroffen worden, unterbrechen Sie zunächst den Stromkreis, indem Sie die Sicherung herausnehmen, und bringen Sie Ihren Hund sofort zum Tierarzt. Oft hinterlassen Stromschläge zunächst symptomlose, innere Verletzungen, die dann erst zu spät bemerkt werden. Sollte Ihr Hund nach dem Schlag leblos sein, beginnen Sie mit Wiederbelebungsmaßnahmen.

Verbrennungen

Verbrennungen sind für Ihren Hund immer schmerzhaft und können zu schweren Sekundärinfektionen führen. Je größer die Brandwunde ist, desto anfälliger ist sie für Bakterien, die zu großflächigen Entzündungen führen können. Auf jeden Fall müssen Sie mit einer Verbrennung sofort den Tierarzt, bei großflächigen Verbrennungen am besten gleich die Tierklinik besuchen. Die langwierige Behandlung und Heilung ist begleitet von täglichen Verbandswechseln und einer peniblen Hygiene, um Sekundärinfektionen zu vermeiden. Aus diesem Grund werden auch antibakterielle Salben aufgetragen. Als akute Komplikation kann gerade bei schwereren Verbrennungen ein Schock hinzukommen.

Schock

Ein Schock ist immer eine lebensbedrohliche Situation. Die Pupillen zeigen sich geweitet, zu einem flachen, schnellen Puls kommt eine flache Atmung, beides führt unter anderem zu einer Abkühlung der Körpertemperatur und einer allgemeinen Schwäche. Die Ursachen können unterschiedlicher Natur sein, meist handelt es sich jedoch um Notsituationen in Folge starker Verletzungen. So kann zum Beispiel ein starker Blut- oder Flüssigkeitsverlust, Panik oder auch eine starke Allgemeininfektion (Sepsis) zu einem Schock führen. Nach der Erstversorgung bringen Sie Ihren Hund so schnell wie möglich zum Tierarzt.

Hitzschlag

Zum Hitzschlag kommt es, ganz einfach gesprochen, wenn sich die Körpertemperatur Ihres Hundes über ein natürliches Maß erhöht. Dies geschieht vor allem dann, wenn Ihr Hund über einen längeren Zeitraum ungeschützt hohen Temperaturen ausgesetzt ist. Dies ist beispielsweise dann der Fall, wenn Sie Ihren Hund im Auto zurücklassen oder auch in der Sonne anbinden. Hierbei hat der Hund keine Möglichkeit, der Erwärmung zu entweichen und einer Überhitzung zu entkommen. Sie sehen, dass ein vorsichtiges Verhalten Ihrerseits einmal mehr der beste Schutz Ihres Hundes ist. Vor einem Hitzschlag ist prinzipiell kein Hund sicher, jedoch gibt es prädestinierte Rassen, die besonders anfällig sind. Es sind dies Rassen mit einem kurzen, wenig isolierenden Fell, Rassen mit dunklem Fell und Rassen mit einem kurzen Fang, der ansonsten das natürliche Kühlsystem der Hunde darstellt.
Die Anzeichen für einen Hitzschlag sind – neben einer flachen, schnellen Atmung – eine erhöhte Körpertemperatur und ein schneller Herzschlag. Dieser Zustand ist äußerst instabil und kann schnell in einer Bewusstlosigkeit enden. Schnelle Hilfe ist hier überlebenswichtig.
Ihr erstes Ziel muss sein, den Hund auf seine natürliche Körpertemperatur von ungefähr 38° C abzukühlen. Hierbei ist jedoch Vorsicht geboten, denn eine zu schnelle Abkühlung würde automatisch zu einem Kreislaufversagen und einem lebensbedrohlichen Schockzustand führen. Kühlen Sie Ihren Hund am besten mit kaltem, aber sicher nicht eiskaltem Wasser, das Sie langsam über den Hund laufen lassen. Besser Sie umwickeln die Pfoten mit feuchten Tüchern und übergießen den Körper des Hundes zusätzlich mit kühlem Wasser. Kontrollieren Sie hierbei ständig die Körperfunktionen des Hundes, vor allem die Temperatur und den Herzschlag. In schwereren Fällen ist der Organismus des Hundes so

stark geschwächt, dass der Kreislauf nicht zu stabilisieren ist. Die Temperatur fällt auch nach Beendigung der Kühlung und der Hund gerät in eine weitere lebensbedrohliche Situation. In einem solchen Fall müssen Sie den Hund in Decken wickeln und sofort zur tierärztlichen Behandlung transportieren. Auch für den Fall, dass der Hund seine normale Körpertemperatur wiedererlangt, sollte eine Nachuntersuchung unbedingt stattfinden.

Unterkühlungen und Erfrierungen

Bei Hunden sprechen wir ab einer Körpertemperatur von circa 36° C und darunter von einer Unterkühlung. Diese tritt dann ein, wenn der Hund zu lange extrem tiefen Temperaturen ausgesetzt ist. Da Hunde, wie alle warmblütigen Tiere, über recht wirksame Mechanismen zur Wärmeproduktion verfügen, unterkühlen erwachsene Hunde nur bei sehr niedrigen Temperaturen oder bei einer allgemeinen Schwächung des Organismus. Gerade ältere Hunde und Welpen können aber schon bei weniger dramatischen Temperaturen leichter unterkühlen, achten Sie hier besonders auf erste Anzeichen.

Neben einer deutlichen Absenkung der Körpertemperatur können Sie eine allgemeine Unruhe und eintretende Schwächung des Hundes beobachten.

Sorgen Sie unbedingt für eine langsame und gleichmäßige Erwärmung des unterkühlten Hundes mittels Decken, Wärmflasche oder Heißpacks. Suchen Sie bei schweren Unterkühlungen gerade bei geschwächten Hunden den Tierarzt auf.

Eine ernsthaftere Bedrohung für Ihren Hund stellen Erfrierungen dar. Hier müssen Sie die erfrorenen Körperstellen vorsichtig massieren, am besten mit Schnee oder mit in kaltem Wasser getränkten Tüchern. Erfrorene Gliedmaßen können Sie nach einiger Zeit in gefüllte Wasserbehälter stellen und die Temperatur langsam auf die Körpertemperatur steigern. Bei Erfrierungen an den Ohren umwickeln Sie diese mit feuchten Verbänden, deren Temperatur Sie ebenfalls steigern. Auf jeden Fall müssen Sie schnellstmöglich einen Tierarzt aufsuchen, der die weitere Behandlung in die Hand nimmt.

Denken Sie dran!

Wenn Sie nicht genau wissen, was in einer Notsituation zu tun ist, lassen Sie es lieber ganz und holen schnellstens einen Tierarzt zu Hilfe. Viele Situationen werden durch unsachgemässe Hilfe verschlimmert und jede weitere Behandlung erschwert.

Verdauungsprobleme

Halten Verdauungsstörungen länger an, ist unbedingt der Tierarzt aufzusuchen. Es ist nicht beunruhigend, wenn Ihr Hund einen Tag mal keinen Stuhlgang hat. Sie sollten aber nicht versuchen, das Problem durch alte Hausmittelchen zu beseitigen. Klären Sie lieber die Ursache. Hält die Verstopfung an, wenden Sie sich unbedingt an Ihren Tierarzt.

Ein Durchfall ist meist unproblematisch, tritt er nur ein oder zwei Tage auf, ohne von Erbrechen begleitet zu sein. Sollte der Durchfall länger als einen Tag andauern, sich nicht bessern oder dramatisch verlaufen, müssen Sie schnellstmöglich einen Tierarzt aufsuchen, denn der Elektrolyt- und Wasserverlust kann schnell zu einer inneren Austrocknung führen und tödlich enden. Gerade bei Brech-Durchfall kann es sehr schnell zu lebensbedrohlichen Situationen kommen.

Epileptische Anfälle und Krämpfe

Die Bandbreite der Auswirkungen und Schwere von epileptischen Anfällen und Krämpfen bei Hunden ist sehr weit, sie können sowohl fast unmerklich, aber auch lebensbedrohlich für den Hund verlaufen. Es gibt einige Rassen, bei denen Anfälle häufiger beobachtet werden, jedoch können die meisten Hunde einen solchen Anfall erleben. Zu klären ist auf jeden Fall die Ursache für den Anfall.

Die Anzeichen sind die geichen. Neben einem unkontrollierten Zucken einzelner Glieder kann es zu recht dramatischen Verkrampfungen des gesamten Körpers kommen. Die Anfälle dauern in der Regel nicht länger als ein bis zwei Minuten und bleiben in der Regel folgenlos.

Helfen können Sie Ihrem Hund in dieser Zeit nicht. Am besten lassen Sie ihn in Ruhe seinen Anfall durchleben, denn in dieser unkontrollierten Situation könnte er Sie beißen oder sonstwie verletzen. Die Gefahr, dass der Hund bei einem epileptischen Anfall seine Zunge verschluckt, ist nicht gegeben. Im schlimmsten Fall erlebt Ihr Hund eine Bewusstlosigkeit, während der er auch unkontrolliert Kot oder Urin ausscheiden kann. Manche Anfälle und Krämpfe verlaufen aber auch beinahe symptomlos, ohne dass Sie diese groß wahrnehmen.

Wenden Sie sich unbedingt an den Tierarzt, denn krampfartige Anfälle können Anzeichen für tiefer liegende Gesundheitsprobleme sein. Auch nach einzelnen, besonders schweren Anfällen, die auch länger andauern können, müssen Sie einen Tierarzt zu Rate ziehen.

Augen

Verletzungen und Veränderungen an den Augen sind immer eine heikle Angelegenheit und sicher kein Betätigungsfeld für den Laien, sondern immer für den Tierarzt. Zu den akuten Zuständen zählen sowohl Hornhautverletzungen als auch das Heraustreten des Augapfels aus der Augenhöhle. Hier sind sofortige Maßnahmen unbedingt erforderlich.

Gerötete Augen weisen auf eine Reizung hin, die durch reizende Stoffe (zum Beispiel Wasch- und Putzmittel oder ungelöschter Kalk auf Baustellen), Allergien oder Fremdkörper im Auge verursacht sein können. Wenn Sie die Ursache nicht genau kennen, versuchen Sie bitte nicht das Übel durch Spülungen mit Wasser zu beseitigen, denn Wasser kann bei bestimmten Reizstoffen zu einer Auflösung und Verteilung führen. Suchen Sie besser sofort den Tierarzt auf, der das Auge genauer untersuchen kann. Ständig tränende Augen können auf unterschiedlichste Allergien hinweisen, die genauer untersucht werden müssen.

Üben Sie die wichtigsten Handgriffe der Ersten Hilfe schon früh mit Ihrem Hund. In einem Notfall sind Sie dann sicherer im Umgang mit der Situation und Ihrem Hund. Foto: S. Hintzen

Trübungen der Linse, der Vorfall der Nickhaut oder schlaffe, hängende Augenlider sind meist Anzeichen ernsthafterer Erkrankungen und machen einen Tierarztbesuch unabdingbar.
Bei Verletzungen des Auges muss dieses unbedingt geschlossen und feucht gehalten werden. Ein Verband um den Kopf des Hundes wird nicht halten, da der Hund diesen abzustreifen versucht. Besser legen Sie auf das verletzte Auge einen nassen Watte-Pad und halten den Kopf selbst fest. Je nach Schwere der Augenverletzung fahren Sie zum Tierarzt oder gleich in eine Tierklinik.

Impfreaktionen

In seltenen Fällen kann es zu einer Überempfindlichkeit gegen einzelne Impfstoffe kommen – eine sogenannte anaphylaktische Reaktion bis hin zum Schockzustand ist die Folge. Eine Schwellung der Schnauzenregion und der Einstichstelle kurze Zeit nach der Impfung sind eindeutige Anzeichen. Bringen Sie den Hund unbedingt sofort zum Tierarzt, der die notwendigen Gegenschritte einleitet. Die Situation ist meist nicht lebensbedrohlich, muss jedoch behandelt werden. Unterrichten Sie Ihren Tierarzt vor jeder Impfung über bereits bekannte Unverträglichkeiten Ihres Hundes.

Atopie
besondere Allergieform 86

Aufgeblähtheit
siehe bei Magendrehung 87

Autoimmunerkrankungen
Erkrankung des Immunsystems 85

Bandwürmer
Innenparasit des Darms, der auch auf den Menschen übergehen kann und besonders für Kinder gefährlich ist 97

Darmparasiten
Die häufigsten bei Hunden auftretenden Darmparasiten sind Würmer 96

Demodex-Milbe
Eine Milbenart, die zu Hautproblemen führt, siehe auch bei Räude 94

Dermoid
hautähnliches Geschwür im Auge 84

Ektoparasit
Parasiten, die sich außen auf dem Wirt aufhalten 89

Ektropium
Fehlstellung des Lids, das nach außen gerollt ist 81

Ellbogengelenksdysplasie (ED)
Die Erkrankung entsteht durch eine anormale Entwicklung der Elle, daraus resultiert ein instabiles Gelenk 78

Endoparasit
Parasiten, die sich vor allem im Darm ansiedeln. Die häufigsten Innenparasiten sind verschiedene Würmer 96

Epilepsie
Anfallserkrankung 82

Erste Hilfe 103

Flöhe
Der häufigste Außenparasit, der viele Krankheitserreger überträgt 89

FSME
Durch Zecken übertragene Viruserkrankung, die zu Gehirnhautentzündung führt 92

Giardiase
Einzellerinfektion des Darms 102

Grauer Star (Katarakt)
Fortschreitende Linsentrübung, die zu völliger Erblindung führen kann 81

Grüner Star (Glaukom)
Augeninnendruckerhöhung 81

Hakenwürmer
Innenparasit des Darms, der durch seine Haken die Darmwand schädigt 97

Hepatitis, Gelbsucht
Virusbedingte und hoch ansteckende Leberentzündung, gegen die es wirksame Impfstoffe gibt 99

Hüftgelenksdysplasie (HD)
Eine genetisch bedingte Missbildung der Gelenkkugel und der Gelenkpfanne der Hüfte, die zu schweren Problemen führen kann 76

Infektionskrankheiten
Jede Art von Erkrankungen, die durch Bakterien, Viren oder Einzeller ausgelöst werden 98

Kokzidiose
Infektionskrankheit, die gewöhnlich Welpen befällt und von Einzellern hervorgerufen wird 102

Läuse
Ein Außenparasit, ähnlich den Flöhen **90**

Leptospirose
Bakterielle Infektion, die zu schweren Magen-Darm-Entzündungen führt, gegen die es aber Impfstoffe gibt **98**

Lyme-Borreliose
Durch Zecken übertragene Bakterieninfektion **92**

Magendrehung
Zuviel Luft im Magen bläht diesen auf, so kann es zu einer Magendrehung und Magenverschlingung kommen **87**

Narkolepsie
Anfallserkrankung, die zu schlafähnlichen Zuständen führt **80**

Parvovirose
Virusinfektion, die für Welpen gefährlich ist und den Darm schädigt **100**

Peitschenwürmer
Häufiger Darmparasit bei Hunden, der durch regelmäßige Wurmkuren zu kontrollieren ist **97**

Progressive Retina-Atrophie (PRA)
Erkrankung der Netzhaut, die immer zu vollständiger Erblindung führt **100**

Räude
Jede Art von Hautproblemen, die durch Milben hervorgerufen werden **94**

Schilddrüsenunterfunktion
Hormonelle Funktionsstörung der Schilddrüse **84**

Serborrhoe
Hauterkrankung, die zu starkem Juckreiz führt **87**

Spulwürmer
Darmparasiten, die vor allem für Welpen und geschwächte Hunde bei massenhaftem Befall gefährlich sind **96**

Staupe
Virusinfektion, die typischerweise in verschiedenen Stadien verläuft **100**

Toxoplasmose
Ein Krankheitsbild, das durch einen Einzeller – *Toxoplasma gondii* – hervorgerufen wird **102**

Tollwut
Virusinfektion, die ohne Impfschutz zum Tod führt **101**

Tracheobronchitis
Virusinfektion, die zum Tod führen kann, es gibt eine Impfung, die zumindest einen gewissen Schutz bietet **97**

Virusinfektionen
Hunde können von verschiedenen Viruserkrankungen wie Staupe, Hepatitis, Parvovirose oder Tollwut befallen werden **99**

Wurmkuren
Ratsam ist eine mindestens halbjährliche Entwurmung gegen verschiedene parasitische Würmer **61**

Zecke
Rötlich brauner bis graublauer, blutsaugender Ektoparasit, auch Schildzecke genannt, der gefährliche Krankheitserreger übertragen kann **92**

Zwingerhusten
Eine infektiöse Entzündung der Luftröhre und der Bronchien, die von Bakterien und Viren gleichzeitig ausgelöst wird (siehe Tracheobronchitis) **99**

Mein Setter

Platz für das erste Foto Ihres Welpen

Mein Hund heißt

Mutter

Vater

Züchter

Geburtsdatum

Hundemarkennummer

Besondere Kennzeichen (Tätowierung, Fellfarbe etc.)

Tierarzt

Telefon

Adresse des Tierarztes

Tierklinik

Besondere Termine (Impfungen, Untersuchungen)

Datum	Art	Datum	Art